CIVILIZAÇÕES PRÉ-COLOMBIANAS

COLEÇÃO HISTÓRIA NA UNIVERSIDADE – TEMAS

COORDENAÇÃO
JAIME PINSKY E CARLA BASSANEZI PINSKY

CONSELHO
JOÃO PAULO PIMENTA
MARCOS NAPOLITANO
MARIA LIGIA PRADO
PEDRO PAULO FUNARI

CIVILIZAÇÕES PRÉ-COLOMBIANAS • Alexandre Guida Navarro

ESTADOS UNIDOS NO SÉCULO XX • Flávio Limoncic

IGREJA MEDIEVAL • Leandro Duarte Rust

IMPERIALISMO • João Fábio Bertonha

INDEPENDÊNCIA DO BRASIL • João Paulo Pimenta

JUVENTUDE E CONTRACULTURA • Marcos Napolitano

PRÉ-HISTÓRIA DO BRASIL • Pedro Paulo Funari e Francisco Silva Noelli

REFORMA E CONTRARREFORMA • Rui Luis Rodrigues

RENASCIMENTO • Nicolau Sevcenko

REVOLUÇÃO FRANCESA • Daniel Gomes de Carvalho

ROTA DA SEDA • Otávio Luiz Pinto

SEGUNDA GUERRA MUNDIAL • Francisco Cesar Ferraz

UNIÃO SOVIÉTICA • Daniel Aarão Reis

Consulte nosso catálogo completo e últimos lançamentos em **www.editoracontexto.com.br**.

Alexandre Guida Navarro

CIVILIZAÇÕES PRÉ-COLOMBIANAS

HISTÓRIA NA UNIVERSIDADE – TEMAS

editora**contexto**

Foto de capa
Luis Domenech em Unsplash

Montagem de capa e diagramação
Gustavo S. Vilas Boas

Coordenação de textos
Carla Bassanezi Pinsky

Preparação de textos
Lilian Aquino

Revisão
Ana Paula Luccisano

Dados Internacionais de Catalogação na Publicação (CIP)

Navarro, Alexandre Guida
    Civilizações pré-colombianas / Alexandre Guida Navarro. –
1. ed., 2ª reimpressão. – São Paulo : Contexto, 2025.
160 p. : il. (Coleção História na Universidade : Temas)

Bibliografia
ISBN 978-65-5541-474-5

1. América Latina – Civilização 2. Maias 3. Astecas 4. Incas
I. Título II. Série

24-2072   CDD 980

Angélica Ilacqua – Bibliotecária – CRB-8/7057

Índice para catálogo sistemático:
1. América Latina – Civilização

2025

Editora Contexto
Diretor editorial: Jaime Pinsky

Rua Dr. José Elias, 520 – Alto da Lapa
05083-030 – São Paulo – SP
PABX: (11) 3832 5838
contato@editoracontexto.com.br
www.editoracontexto.com.br

Sumário

Introdução 7

As primeiras civilizações americanas 11

A civilização Maia 41

A civilização Asteca 87

A civilização Inca 129

Sugestões de leitura 159

Introdução

Durante a quarta viagem de Cristóvão Colombo ao continente americano, entre os anos de 1502 e 1504, o navegante e sua tripulação se admiraram ao encontrar, no golfo do México, uma grande canoa que tinha uma cabine ao centro e mais de 40 pessoas a bordo; entre elas, seu proprietário, sua família, empregados, piloto e remeiros. No entanto, o que mais impressionou os espanhóis foi a carga: mantas e roupas de algodão semelhantes às suas, machados de pedra, objetos de metal, uma bebida fermentada que chamaram de "cerveja da terra", vasilhas de cerâmica, armas de madeira com um tipo de pedra cortante em suas extremidades e sementes de cacau. Foi o primeiro e único contato de Cristóvão Colombo com uma civilização ameríndia, a Maia. Em menos de duas décadas, a região em que os maias habitavam já estaria sob domínio espanhol.

Imaginemos que estamos nos anos 700 d.C. O leitor logo poderá pensar na invenção da pólvora pelos chineses, na ocupação árabe da península ibérica ou ainda na coroação de Carlos Magno como rei dos povos francos. Isso porque sempre fomos ensinados a direcionar nosso olhar histórico para o Velho Mundo. Mas, e se o cenário fosse uma floresta tropical dominada por centenas de cidades densamente povoadas, com planificação urbana e arquitetônica, e repletas de pirâmides que ultrapassam 60 metros de altura? Um cenário que exibia cidades com mais 100 mil habitantes (Paris e Londres contavam com não mais do que 20 ou 30 mil)! E para deixar esse quadro tropical ainda mais complexo, há nele o registro da existência de reis. Reis? Isso mesmo. Tais cidades na floresta tropical do Novo Mundo eram governadas por soberanos poderosos, que mandavam construir monumentos feitos de pedra para perpetuar seus nomes e a descrição de seus matrimônios, bem como suas vitórias nas guerras.

Cidades que comemoravam datas importantes com sacrifícios humanos em honra a seus deuses, em cerimônias em que os próprios reis tinham seus órgãos genitais perfurados com uma espinha de peixe para se obter sangue, "o líquido vital".

Cidades que produziam livros confeccionados com uma massa moída de plantas laminadas misturadas com cal, formando uma superfície lisa sobre a qual sacerdotes redigiam textos a partir de um alfabeto fonético como o nosso. Os escritos versavam sobre as genealogias dos reis, o funcionamento do calendário, a observação astronômica dos movimentos do Sol, de Vênus e até de Marte.

Um mundo verde cortado por diversos rios utilizados por navegantes que faziam comércio com regiões situadas a mais de mil quilômetros de distância, cruzando desertos, montanhas e terrenos cobertos por neve.

Seria essa descrição possível ou somente uma peça de ficção? Se o leitor optou pela segunda hipótese, errou. Essas cidades existiram e seus habitantes constituíram grandes civilizações no continente americano, conhecidas como Maia, Asteca e Inca.

Essas sociedades eram formadas por povos que receberam o nome de "índios" no século XVI, quando Cristóvão Colombo visualizou terras que acreditou ser a Índia, região muito cobiçada pelos europeus por causa do lucrativo comércio de especiarias do século XVI. A partir de então, o termo "índio" consagrou-se na literatura e passou a referir-se a *todas* as culturas que existiam na América. O nome genérico (todos eram "índios") esconde a grande diversidade étnica que havia no continente americano do Alasca à Terra do Fogo. Por sua conotação pejorativa e totalmente fora do contexto histórico e geográfico, a palavra "índio" cairia em desuso em favor dos termos "indígena", "ameríndio" ou "povo originário", mais usados hoje em dia.

Para se referir à região onde viviam as populações indígenas antes da Conquista, na academia científica, nas universidades e nos livros didáticos, várias terminologias são empregadas: "América Pré-Hispânica" (referindo-se ao período anterior à chegada espanhola), "América Pré-Colonial" (sublinhando o período anterior ao processo de colonização europeu) e, o mais difundido, "América Pré-Colombiana" (em clara associação com a chegada de Cristóvão Colombo em 1492 à região das Antilhas). No entanto, alguns historiadores chamam a atenção para o fato de que essas terminologias estão centradas nos europeus e, numa visão crítica, propõem termos que consideram "decoloniais", por exemplo, "América Antiga". Ainda há a expressão "América Pré-Histórica", mas essa é pouco usada atualmente, uma vez que alude a povos que viveram antes da escrita, e hoje se sabe que muitos dos ameríndios, como os maias, por exemplo, já adotavam sistemas de escrita sofisticados.

Algumas áreas da "América antes de ser a América" mereceram atenção especial por parte dos estudiosos, em função da importância das civilizações lá desenvolvidas. É o caso do México e de regiões onde se encontravam civilizações pré-colombianas que se tornariam muito conhecidas, as já citadas Maia, Asteca e Inca. *Mesoamérica*, o nome dado a essa área, foi proposto pela primeira vez em 1943 pelo antropólogo Paul Kirchhoff, que procurou descrever a partir do registro etnográfico as culturas que nela se desenvolveram.

É claro que em qualquer escolha de termos que façamos encontraremos limites. Nenhum termo dá conta de abrigar a grande diversidade étnica e linguística dos grupos humanos que viveram na América antes da invasão europeia. É importante ter consciência disso. À época da chegada dos europeus, algumas das sociedades ameríndias já eram civilizações milenares, tendo passado por momentos de auge e de colapso ao longo de sua história. Algumas já tinham até desaparecido. Outras sociedades, contemporâneas às grandes civilizações encontradas pelos europeus, eram simplesmente grupos caçadores-coletores. Mesmo a história das cidades da selva tropical lembra a trajetória de cidades do Velho Mundo, como veremos. O contato com os europeus foi um capítulo a mais em sua existência – importante, muitas vezes decisivo, até trágico, mas apenas um capítulo a mais.

Felizmente, neste livro, há espaço para observarmos a história mais antiga da América em que um rico mosaico cultural criou o contexto para que grandes civilizações se originassem e se desenvolvessem. Como eram constituídas? De que viviam? Como ocupavam os espaços geográficos? Como organizavam o poder político? Que religiões praticavam? Desenvolveram as artes? Essas são algumas das questões abarcadas nesta obra.

Conhecer a trajetória das civilizações americanas antigas é conhecer um pouco mais de nós mesmos, descendentes culturais da pluralidade de povos que viveram nas Américas.

As primeiras civilizações americanas

VELHO MUNDO, NOVO MUNDO

O desenvolvimento das civilizações do Novo Mundo se deu em sequência e de forma semelhante àquilo que ocorreu no Velho Mundo.

A sedentarização do ser humano no continente americano também começou com a domesticação de plantas. Uma vez criada e difundida a agricultura, os assentamentos começaram a ser tornar mais populosos. As pessoas não tinham mais a necessidade de percorrer grandes distâncias para buscar alimento. O alimento proveniente do cultivo de plantas também podia ser estocado em vasilhas de cerâmica, inviabilizando o nomadismo, já que carregar todos os artefatos em movimentações coletivas não seria uma tarefa muito fácil.

Com o tempo, esses agrupamentos foram se tornando mais populosos e mais recursos foram necessários para alimentar a população cada vez maior. Por outro lado, aqueles que obtinham excedentes de seus produtos começaram a trocá-los por outros produtos, mercadorias ou mão de obra, que consideravam necessários para suas famílias. Essas sociedades começaram a se urbanizar, a construir estradas e sistemas de drenagem da água da chuva, além de desenvolver sistemas intensivos de agricultura valendo-se de canais de irrigação. Logo sofisticaram a arquitetura e se dedicaram às artes. Também passaram a ser capazes de contar o tempo confeccionando calendários, alguns deles bastante elaborados, e de registrar sua história através de sistemas de escrita. Para administrar esses agrupamentos mais complexos, algumas pessoas saíram do sistema produtivo e passaram a liderar o grupo social, criando e reproduzindo hierarquias, com o objetivo de perpetuar o poder obtido. Quando esse sistema se torna ainda mais complexo e amplo, podemos dizer que um processo civilizatório se completa.

Esse processo descrito é complexo e não há consenso, ainda hoje, para o uso do conceito de *civilização*. Para não confundir os leitores, empregaremos a terminologia clássica. As civilizações são caracterizadas, principalmente, por: adensamento populacional, urbanismo, centralização do poder nas mãos de um governante e criação de um sistema de escrita. Essa escala evolutiva não significa que a civilização é um estágio almejado, melhor ou "mais avançado" que o das demais sociedades que não chegaram a essa condição. Os diferentes estágios de desenvolvimento de uma sociedade são, somente, momentos distintos da história da humanidade. Basta lembrar que muitos problemas modernos, como a poluição ambiental que leva ao aquecimento global, foram criados por nossa civilização e não pelas do mundo antigo, supostamente "menos evoluídas".

"OS PRIMEIROS IANQUES": POVOS DOS ESTADOS UNIDOS

Vejamos, agora, alguns dos povos que se desenvolveram na América Pré-Colombiana antes dos maias, astecas e incas. O objetivo dessa digressão é mostrar ao leitor que várias das tradições culturais dessas civilizações se formaram a partir das experiências vividas por povos que as antecederam no tempo.

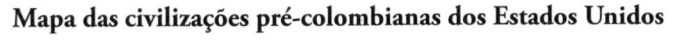

Mapa das civilizações pré-colombianas dos Estados Unidos

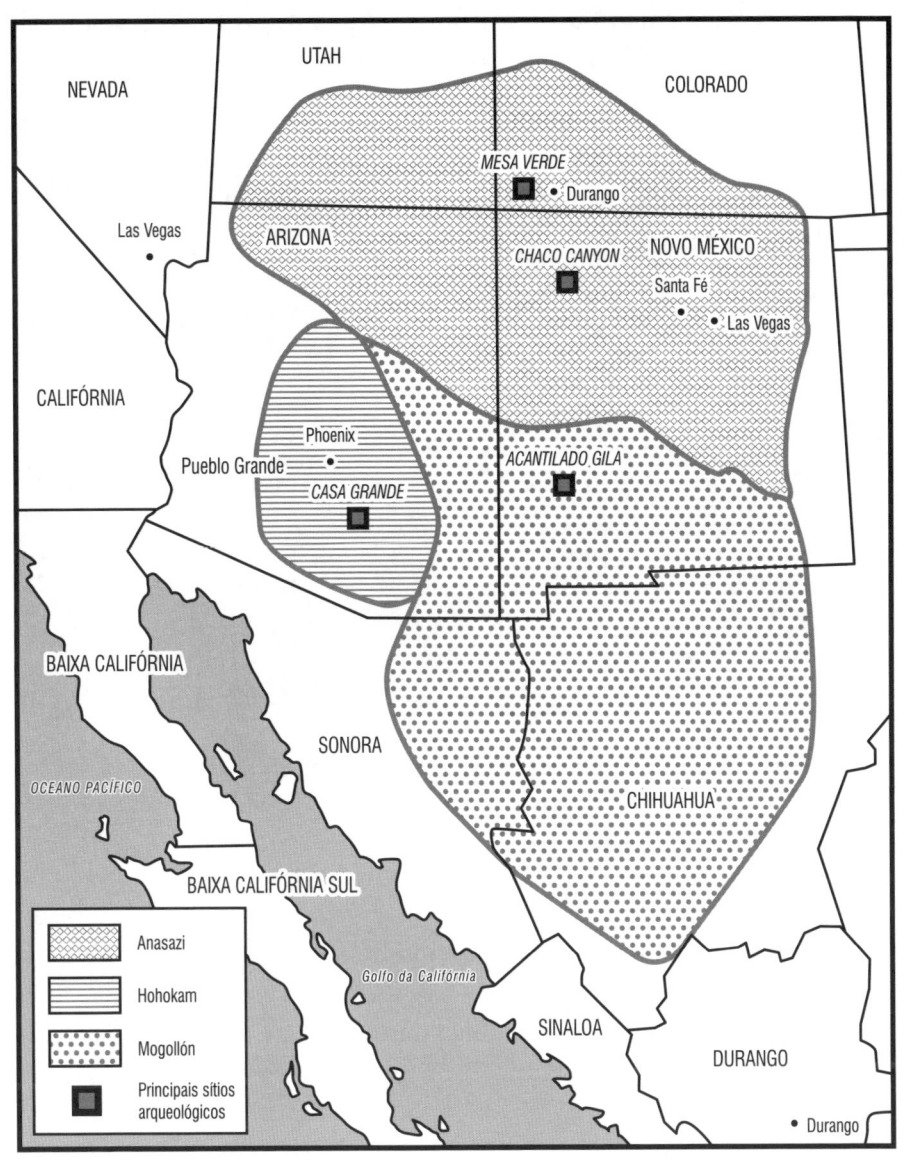

Na região chamada de Chaco Canyon, que hoje compreende o norte do México e o sudoeste dos Estados Unidos, várias sociedades alcançaram complexidade social pelo menos em 200 a.C. Delas, a Anasazi é uma das mais conhecidas, tendo ocupado uma vasta área que corresponde aos atuais estados de Utah, Colorado, Arizona e Novo México. Nessa região caracterizada pela aridez do solo (estudos mais recentes demonstraram que não era tão árida como hoje), a maioria da população abrigou-se inicialmente em covas nas falésias e nos desfiladeiros.

Sítio arqueológico anasazi, em que a disposição das habitações lembra a de um prédio.

Com o tempo, os anasazis construíram habitações que lembram hoje um edifício de cinco andares, sustentadas por pilares de madeira. Sua cerâmica se destaca por ser pintada com desenhos geométricos ou naturalistas de cor negra sobre um engobo (primeira capa de pintura, geralmente branca, sobre a qual se pinta de vermelho e preto). Eles eram tecelões, confeccionavam joias de turquesa e faziam o comércio de longa distância, importando, por exemplo, conchas da região da atual Califórnia.

Lençóis freáticos possibilitavam que cultivassem plantas, como milho, abóbora e feijão. Suas águas serviam também para abastecer uma quantidade de árvores nativas. Diante do aumento populacional, por volta do ano 1000 d.C., os anasazis, que utilizavam em grande escala pinheiros e zimbros da região para construir casas, provocaram o desmatamento local; com isso, os canais de irrigação também precisaram ser expandidos. Essas ações começaram a secar esses lençóis freáticos, que já não conseguiam abastecer adequadamente a sociedade. A população estava grande demais e o manejo ambiental não era eficaz. O golpe final foi sentido por volta do ano de 1100 d.C., durante uma grande estiagem que levou ao abandono do assentamento. É importante registrar: essa sociedade antiga foi responsável pelo esgotamento de recursos naturais locais e contribuiu para o desmatamento no território em que se desenvolvera, provocando, assim, sua própria derrocada.

Nas regiões dos atuais estados de Ohio e Mississipi, entre 200 a.C. e 400 d.C., desenvolveu-se a cultura Hopewell, conhecida por ter construído *mounds*, montes artificiais de terra sobre os quais se erguiam templos e onde os membros da elite eram sepultados. Alguns *mounds* do povo hopewell podiam ter a forma de animais, como a serpente. Essa sociedade chegou a confeccionar artefatos de grande qualidade com matérias-primas trazidas de locais distantes, como a costa do golfo do México, por exemplo, cachimbos zoomorfos de esteatita, utilizados em rituais pelos xamãs, instrumentos musicais e até objetos feitos com dentes fossilizados de megalodonte. Alguns estudiosos sustentam que a colisão de um cometa teria sido a causa do desaparecimento dessa cultura, uma vez que encontraram grande quantidade de micrometeorito na forma de platina e irídio, espalhados nos resquícios das construções arquitetônicas de 11 cidades, indicando que um incêndio de grandes proporções as teria destruído.

Próximo ao rio Mississipi, entre os anos de 700 e 1500 d.C., desenvolveu-se um conjunto de povos indígenas que constituíram a chamada cultura Mississipiana. Eles também eram construtores de *mounds*, e edificaram cidades e templos relativamente grandes e altos. A mais conhecida entre as cidades era Cahokia, que chegou a abrigar cerca de 30 mil habitantes em seu apogeu, no ano 1000 d.C., sendo maior que Paris da mesma época. Edificada em uma área de mais ou menos 15 km², onde havia pelo menos 120 montículos, Cahokia parece ter sido a capital cosmopolita de diversos povos construtores de *mounds*. Acredita-se que tenha sido também um centro cerimonial onde ocorriam as grandes festas das sociedades mississipianas, hipótese reforçada com a descoberta de esqueletos de mais de 2 mil cervos, indicando que os animais haviam sido consumidos em um grande banquete. Vestígios de azevinho (*Ilex aquifolium*) nas vasilhas cerâmicas indicam, ainda, o consumo de cafeína nessas ocasiões festivas.

Reconstrução da cidade de Cahokia com alguns de seus edifícios piramidais.

É muito provável que grandes cerimônias realizadas em Cahokia estivessem relacionadas ao enterramento de pessoas importantes da cidade. O montículo numerado como 72 pelos arqueólogos, por exemplo, tem 850 metros de comprimento e 30 de altura, e foi construído em 6 etapas. Nele foram sepultados, ao longo do tempo, mais de 200 pessoas. Na parte equivalente à primeira etapa de edificação, foi encontrada a sepultura de um homem, possivelmente um governante, na casa dos 40 anos de idade. O corpo do falecido jazia sobre um arranjo em forma de falcão confeccionado com mais de 20 mil conchas marinhas, o que levou o personagem a ser conhecido como o Homem-Pássaro (*Birdman*). Folhas, mica, cobre e pontas de flecha de sílex provenientes dos atuais e distantes estados de Arkansas e Oklahoma haviam sido dispostas ao redor do corpo, que fora inumado sobre um cedro vermelho. *Birdman* foi encontrado na companhia de corpos de homens com cabeças e mãos decepadas, além de 50 mulheres, todos eles pertencentes a pessoas aparentemente sacrificadas em honra do dignitário.

Cahokia foi abandonada no início do século XIV, cem anos antes da chegada dos europeus. Estudos arqueológicos recentes indicam que a cidade crescera muito e que as florestas ao redor dela foram destruídas para a obtenção de madeira, utilizada na vida cotidiana e na edificação dos templos. O desmatamento teria provocado inundações frequentes na cidade, que não conseguiu mais sustentar sua superpopulação, levando por fim ao seu abandono.

Localização de Cahokia

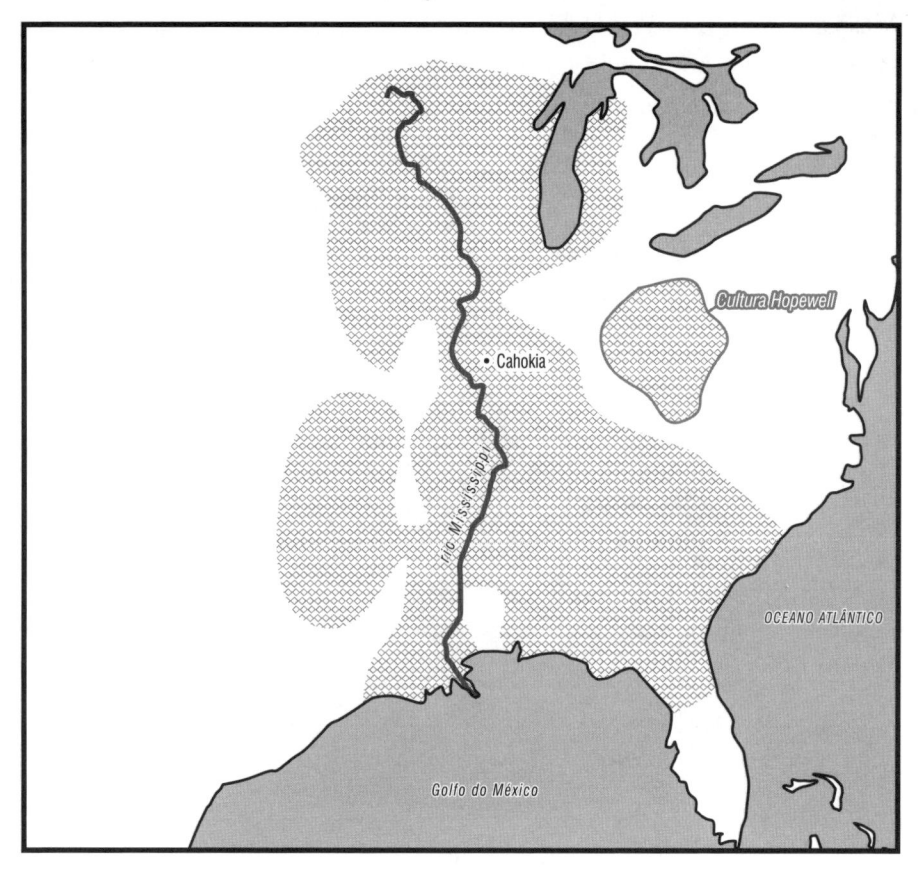

O MÉXICO ENTRA EM CENA

Já no México, onde nos deteremos um bom tempo nos dois capítulos seguintes, viveram várias sociedades muito distintas entre si, mas que compartilhavam traços comuns decorrentes de interações diversas, como o comércio e o matrimônio. A civilização Olmeca, por exemplo, entre 1500 a 400 a.C., construiu importantes cidades na região do golfo do México, posteriormente conhecidas como La Venta, San Lorenzo e Tres Zapotes. A palavra *olmeca* tem origem no náhuatl, idioma falado pelos astecas, e significa "habitantes da região da borracha", em alusão ao local onde os astecas exploravam essa matéria-prima, sobretudo para confeccionar a bola de borracha que usavam em um jogo ritual do qual falaremos mais adiante.

A civilização Olmeca ficaria conhecida como "civilização-mãe da Mesoamérica", por ter criado e legado a escrita e o calendário. Mas, hoje sabemos que o povo maia foi seu contemporâneo; maias e olmecas compartilharam traços culturais.

Glysiak (CC BY-SA 4.0)

Uma cabeça colossal olmeca com cerca de 3 metros de altura, localizada na atual cidade de Villahermosa, México.

Os olmecas nunca constituíram um Estado centralizado, ao contrário, seus diferentes centros urbanos emergiram da competição e cooperação entre os diversos líderes locais. Sua principal característica cultural são as esculturas líticas (em rocha basáltica) monumentais, figurando cabeças humanas que possivelmente retratavam os chefes locais. Algumas delas possuem mais de 3 metros de altura e pesam 50 toneladas. As primeiras pesquisas do início do século XX sugeriam uma origem estrangeira para os construtores desses monumentos, interpretando os traços faciais das esculturas, como nariz, boca e olhos, como sendo de povos de origem africana. No entanto, hoje se observa que os olhos possuem a fenda palpebral típica dos povos asiáticos, e a boca e o nariz seriam estilizados (os lábios grossos, por exemplo, diriam respeito à mescla de características humanas com as de onças, um aspecto iconográfico ligado à classe dirigente olmeca). As estatuetas de cerâmica chamadas *baby-face*, ou seja, figurações humanas com cabeça artificialmente deformada – outro tipo de escultura olmeca –, indicam o alto *status* social da pessoa retratada.

* * *

Os teotihuacanos, por sua vez, foram responsáveis pelo desenvolvimento de uma das maiores cidades do continente americano: Teotihuacán, cujo nome significa "o lugar onde os seres humanos se tornam deuses". Localizado num vale semidesértico a mais de 2 mil metros de altitude, próximo à atual Cidade do México, este centro urbano chegou a ser um importante local de peregrinação. Estima-se que tenha abrigado uma população de até 200 mil habitantes – que faz de Teotihuacán a maior cidade do mundo à sua época. Em seu tempo, a região era mais úmida e com mais florestas, cujas madeiras serviram de matéria-prima para as construções do centro urbano. Os vários vulcões que a cercavam propiciaram o desenvolvimento da indústria lapidária de obsidiana, que passaria a ser comercializada em toda a Mesoamérica – os artefatos de obsidiana eram capazes de cortar com grande precisão, como as facas utilizadas nos rituais de sacrifício, bastante cobiçadas pelos povos mesoamericanos. Aliás, foi isso que fez com que a cidade se tornasse uma metrópole.

Burkhard Mücke (CC BY-SA 4.0)

Imagem atual de Teotihuacán, que, em sua época áurea,
era uma das maiores cidades do mundo.

Teotihuacán surgiu no século I d.C., como uma cidade multiétnica, ou seja, habitada por pessoas de diferentes povos, sendo alguns originários de lugares distantes, como maias e zapotecas, que se distribuíam por diferentes bairros. Nessa época, a cidade contava com um complexo sistema urbano. A chamada Avenida dos Mortos cortava Teotihuacán no eixo norte-sul. Na porção sul ficava Cidadela, o núcleo administrativo da cidade, onde foi erguido o Templo das Serpentes Emplumadas, uma pirâmide que representava a "montanha sagrada" e o "lugar da criação", segundo a cosmologia mesoamericana. Em seu interior, pesquisadores encontraram mais de 200 esqueletos, levando-os a crer que houve um grande evento de inauguração do templo, que incluiu sacrifícios de homens, mulheres e crianças, provavelmente prisioneiros de guerra, já que tinham as mãos atadas com sogas (grossas cordas).

Descobertas arqueológicas recentes encontraram, também, um túnel, selado propositadamente pelos teotihuacanos há 2 mil anos, que passava por baixo do Templo das Serpentes Emplumadas. Desse túnel, os pesquisadores retiraram mais de 100 mil artefatos, dentre eles, esqueletos de animais e pedras preciosas de jade e turquesa. As paredes do túnel têm incrustações de pirita que brilham no escuro, indicando, segundo os arqueólogos, uma associação com Tlalocan, o caminho percorrido pela alma dos governantes após a morte para chegar à "morada celestial". A escavação do túnel de Teotihuacán foi conduzida por um robô apelidado de Tláloc II (em homenagem à divindade da chuva), manipulado pelos arqueólogos. A opção por utilizar um robô deveu-se ao risco de desabamento dentro do local. Antes, essa tecnologia havia sido utilizada somente no Egito.

Uma descoberta e tanto!

O arqueólogo mexicano Sergio Gómez fala sobre o túnel do Templo das Serpentes Emplumadas:

> O teto do túnel é pintado com uma espécie de pó metálico, a pirita, então, quando iluminado com a luz da lanterna (ou tochas daquela época), emite um brilho que quase parece a luz do dia, mesmo estando dentro da terra. O brilho representava as estrelas vistas no céu à noite. Os teotihuacanos usaram o túnel por cerca de 250 anos, e depois, eles o fecharam, construindo muros de dentro para fora. Embora a razão não seja conhecida, sabe-se que eles voltaram algumas vezes e o fecharam novamente.

Levamos quase 8 anos na exploração. Tudo foi feito com muito cuidado, retiramos cerca de mil toneladas de pedra e terra utilizando apenas escovas, agulhas, instrumentos odontológicos. Minha hipótese a princípio era de que encontraríamos um túmulo de alguém muito importante, pelo significado que tinha o lugar, ou uma oferenda espetacular. Mas quando o fim do túnel foi alcançado, nenhum túmulo foi encontrado. Pode ser que os restos mortais tenham sido removidos por uma das últimas explorações dos interventores no túnel.

(Fonte: GÓMEZ, Sergio. O misterioso túnel descoberto por acidente sob pirâmides no México que nunca será aberto ao público. Entrevista à Ana Gabriela Rojas. *BBC News Mundo*, Cidade do México, 11 ago. 2018. Disponível em: <https://www.bbc.com/portuguese/internacional-45138103#:~:text=Tlalocan%2C%20o%20caminho%20sob%20a,%22caminho%20sob%20a%20terra%22>. Acesso em: 10 out. 2023.)

De todos os artefatos descobertos no túnel, os que mais chamaram a atenção foram as 14 bolas de borracha, algumas delas vulcanizadas, ou seja, passaram por um processo que deixa a borracha mais resistente. Esse processo foi inventado em 1839 por Charles Goodyear para ser usado na confecção de pneus, mas, ao que tudo indica, foi de fato criado pelos teotihuacanos muito tempo antes.

Na parte norte de Teotihuacán, na Avenida dos Mortos, encontra-se a Pirâmide da Lua, uma construção monumental de 45 metros de altura. Estudos recentes revelaram a existência de túneis em seu interior, abrigando oferendas compostas de seres humanos e de animais sacrificados em honra à deusa da água e da fertilidade, chamada Chalchiutlicue.

Contudo, a maior construção arquitetônica da cidade e uma das maiores do mundo antigo é a Pirâmide do Sol, um edifício monumental de 65 metros de altura e 225 metros de comprimento. Seus 260 degraus indicam uma associação com o calendário sagrado mesoamericano de 260 dias. Em seu topo havia um templo dedicado a Tláloc, o deus da Chuva.

As causas do declínio de Teotihuacán, ao redor do ano de 650 d.C., ainda não são totalmente conhecidas. No entanto, a grande quantidade de fuligem encontrada nos templos indica que a metrópole pode ter sido incendiada por seus habitantes, em decorrência de levantes internos, ou por invasores inimigos.

* * *

Viajando um pouco mais ao sul do México, um fato muito importante e de pouco conhecimento dos leitores brasileiros merece destaque aqui: a história de um peculiar e ambicioso rei, 8 Veado Garra de Jaguar. Ele foi um dos principais governantes da civilização Mixteca durante o século XI d.C., tendo se destacado por proezas guerreiras e militares. Seu nome faz referência ao seu dia de nascimento, portanto, uma atribuição calendárica, como era costume naqueles tempos.

À época em que 8 Veado Garra de Jaguar viveu, a região da Mixteca era povoada por uma série de cidades que estabeleciam alianças em momentos de ameaça externa. A importância de 8 Veado se deve ao fato de ele ter se envolvido em uma série de campanhas de guerra, cujo objetivo principal era unificar as cidades da Mixteca, colocando-as todas sob seu comando, sob um governo sediado na cidade de Tilantongo. Se o objetivo tivesse sido alcançado, teria sido este o primeiro caso de criação de um império no continente americano.

Anônimo, c. 1500

Imagem que retrata o rei 8 Veado Garrar de Jaguar vestido como guerreiro, capturando o Senhor 4 Vento da cidade de Huachino.

O prestígio desse líder guerreiro foi tamanho que existe até um códice (uma espécie de livro) dedicado a ele, o *Zouche Nuttall*, como ficou conhecido o documento (atualmente no acervo do Museu Britânico de Londres, classificado com o código Add. MS. 39671). Confeccionado em pele de veado, esse códice tem, aberto, 11,43 metros de comprimento. Em seu "lado 1", narra a história do ilustre personagem em 44 das suas 94 lâminas, 47 de cada lado. Nele, há cenas de governantes de outros locais levando presentes e prestando reverência a 8 Veado, indicando a influência que exercia em vida. Uma das cenas mais bonitas do documento encontra-se na "lâmina 75", que trata de uma expedição guerreira liderada por 8 Veado, juntamente a outros governantes mixtecas, no caso, 9 Água e 4 Jaguar. Esses personagens estão sobre canoas e parecem dirigir-se a uma ilha. Devido aos animais figurados no meio aquático, como os crocodilos, é possível inferir que os governantes navegam no mar ou em uma região de estuário, do tipo manguezal. O desenho da ilha apresenta o signo da flecha, significando que essa expedição teve como objetivo conquistar os povos que nela habitavam (porém, não seria bem-sucedida). A cena está tão bem composta na iconografia que é possível visualizar até a erupção vulcânica do pico de Orizaba, no atual estado mexicano de Veracruz, o que demonstra até onde podia chegar o exército comandado por 8 Veado.

Sabe-se que no ano de 1097 d.C., em uma reunião de governantes mixtecas, 8 Veado teve o septo nasal perfurado para colocar uma narigueira de ouro como sinal do reconhecimento de que, agora, era considerado rei, ao qual os demais líderes mixtecas tinham que se submeter. Essa cena bastante épica está registrada na "lâmina 52" do *Zouche Nuttall*.

O rei 8 Veado teve, contudo, um fim trágico. Capturado em uma emboscada, foi sacrificado aos 52 anos de idade em 1115 d.C., faltando muito pouco para conseguir unir todas as cidades da Mixteca sob o seu comando, quando então teria sido o primeiro imperador ameríndio.

ENTRE CORDILHEIRAS E CONDORES

Na América do Sul, o mosaico de sociedades surgidas antes do Império Inca é, como ocorre na Mesoamérica, grande e complexo. Até pouco tempo, pensava-se que a "cultura-mãe", ou seja, a primeira civilização andina seria a cultura Chavín de Huantar, localizada às margens do rio

Mosna, no norte do Peru, e situada em uma área da cordilheira com mais de 3 mil metros de altitude.

Com uma antiguidade de 1500 a.C., o estilo de arte chavín inclui a representação de animais (tema zoomorfo), sobretudo felinos – mas também jacarés, serpentes e condores –, em esculturas e relevos dos edifícios públicos da cidade chamada Chavín. Sua arquitetura religiosa arrojada consistia na construção de uma série de plataformas em forma de U, utilizadas para a realização de rituais. Dentro de uma dessas plataformas, pesquisadores localizaram uma escultura de granito de quatro metros e meio de altura conhecida como *El Lanzón*, representando um ser antropomorfo com presas de felino.

É sabido que o felino, em especial o puma (*Puma concolor*), é comumente retratado com significados simbólicos pelos indígenas de grande parte da América Pré-Colombiana. As características atribuídas ao animal, como a destreza, a rapidez, a valentia e a beleza, foram facilmente associadas a poder, com as bênçãos da religião. Assim, governantes eram cercados de signos felinos, presentes, por exemplo, no trono e na indumentária (capas, saias, sandálias e braceletes de couro de puma). Porém, particularmente na cidade de Chavín, a presença de imagens de pumas é intrigante, pois a região em que se encontra não é hábitat natural desses animais. A presença de imagens relacionadas a eles é fruto, possivelmente, de contatos com povos que habitavam a região amazônica peruana e brasileira.

* * *

A mais antiga cidade construída no continente americano, de fato, não é Chavin, é Caral. A civilização que criou Caral remonta 5500 anos, sendo considerada uma das primeiras civilizações no mundo, juntamente à mesopotâmica, à egípcia, à chinesa e à hindu. Desenvolvida na costa centro-norte do Peru, essa civilização construiu grandes plataformas piramidais, seguindo um complexo projeto de engenharia que consistia na terraplanagem do solo árido para aplainar a paisagem circundante formada por montanhas.

As pesquisas mostram evidências de que seus habitantes tinham uma dieta rica, constituída de plantas, como o milho, a abóbora, o feijão, a goiaba e a batata-doce; frutos do mar, como amêijoas e mexilhões e peixes, como anchovas e sardinhas. Há também evidências de que empregavam uma tecnologia têxtil com o algodão como matéria-prima para a fabricação de roupas, adornos e materiais de pesca. Vértebras de baleia foram utilizadas como bancos pelos habitantes de Caral, sinalizando que eles tinham habilidades marítimas.

A grande quantidade de vestígios de edifícios monumentais encontrada em Caral leva os pesquisadores a supor que tenha existido um governo teocrático estatal na cidade, assim como vários que vigoraram no Velho Mundo. Caral, como um grande centro urbano, mantinha relações comerciais com áreas distantes, como atestam os achados de conchas da espécie *Spondylus* que vinham da costa do Equador, de corantes originários da região central dos Andes e, até mesmo, de rapé (usado com fins alucinógenos) e de penas de araras vindas da região amazônica brasileira.

Outras descobertas revelam que a cultura Caral usava o *quipus*, um sistema mnemônico de escrita, muito antes no tempo do que até então os pesquisadores pensavam que ele era empregado. Arqueólogos também se admiraram com a descoberta de 32 flautas confeccionadas com ossos de pelicano, o maior conjunto desse instrumento musical já encontrado em escavações arqueológicas na América do Sul. No entanto, o mais intrigante em Caral é a ausência, até o momento atual das pesquisas, de artefatos confeccionados em cerâmica, como vasilhas e recipientes, que indicariam a prática do processamento de alimentos, tão comum em centros urbanos contemporâneos como os do Egito e da Mesopotâmia, e em todo o continente americano.

* * *

Mais ao sul do atual Peru, em terras áridas costeiras, desenvolveram-se outras duas civilizações: a de Paracas e a de Nazca, cujos florescimentos culturais vão de 700 a.C. a 100 d.C., no caso da primeira, e de 200 a.C. a 700 d.C., no da segunda.

A cultura de Paracas é conhecida por suas necrópoles com o enterramento de indivíduos que pertenciam à elite governamental, muitos deles apresentando sinais do emprego da trepanação (técnica medicinal que consiste em perfurar o crânio com o objetivo de sanar algum problema no cérebro). Os corpos encontrados nessas necrópoles estavam mumificados, cobertos por elaborados tecidos de cores variadas, decorados com diversos motivos geométricos. A maioria das múmias estava em posição fetal, amarrada com cordas de algodão. Alguns dos corpos possuíam uma pequena quantidade de ouro na boca e haviam sido enterrados com artefatos que continham alimentos. Tanto os corpos como as oferendas que lhes cabiam estavam armazenados em cestos ou embrulhados em grandes tapetes coloridos, alguns com mais de três metros de comprimento.

A iconografia dos tecidos destaca a representação do ser sobrenatural que de modo recorrente aparece na imagética andina e que possivelmente teve suas origens em Chavín. Trata-se de um ser antropozoomorfo, com forma humana e garras felinas, que quase sempre é retratado portando adornos oculares, ora de braços abertos, ora apoiado em um bastão. Tal imagem está associada a uma divindade andina da criação denominada Viracocha, cercada de mitos e rituais que acabariam sendo descritos pelos espanhóis à época da Conquista, quando o seu culto ainda estava em voga.

Já a civilização Nazca é mais conhecida por seus geoglifos, grandes desenhos feitos no solo da paisagem desértica, retratando animais, como o beija-flor, a aranha e o macaco. Conhecidas como Linhas de Nazca, esses geoglifos foram confeccionados com instrumentos que removiam a parte superior do solo do deserto, formada por seixos vermelhos, deixando em evidência a camada inferior, de coloração amarelada. É o contraste de cores resultante da obra, associado à pouca erosão eólica e à baixa incidência de chuva na região, que faz com que os geoglifos fiquem visíveis, mesmo os sulcos tendo apenas 10 centímetros de profundidade.

Diego Delso (CC BY-SA 4.0)

Geoglifo de aranha no deserto de Nazca.

Impressiona que essas imagens possam ser vistas nitidamente somente do alto, indicando que os que as confeccionaram observaram o trabalho do alto das montanhas circundantes. (Hoje em dia, estudiosos e turistas podem conhecer esses geoglifos em um passeio de teco-teco que percorre parte da área onde se encontram.) Um estudo recente revelou que a maioria das aves figuradas no deserto são representações de espécies exóticas procedentes da selva amazônica do norte do Peru e do Brasil. Não há um consenso entre os estudiosos que explicam a criação desses desenhos. Alguns defendem que fazem parte de um calendário astronômico; outros dizem que assinalam caminhos de peregrinação onde se realizavam rituais de fertilidade, como os de propiciação de chuvas; há ainda os que pensam que são aquedutos ou que marcam locais para serem reverenciados, a exemplo de Stonehenge. O fato é que existem vários outros geoglifos antigos na América. Por exemplo, geoglifos geométricos foram descobertos onde fica hoje o estado do Acre, Brasil. E o maior geoglifo do continente americano, chamado Gigante de Tarapacá, está localizado no deserto do Atacama, no Chile, e possui quase 120 metros de comprimento – não se sabe ainda quem foram seus autores.

A capital nazca era Cahuachi, uma cidade de 24 km² com construções de adobe. Dentre as principais descobertas arqueológicas feitas no local onde ficava a cidade, está a necrópole, onde inúmeros túmulos foram encontrados contendo múmias envoltas em tecidos pintados e bordados.

* * *

Talvez a mais conhecida civilização pré-incaica seja a Moche ou Mochica. Entre os anos 300 a.C. e 600 d.C., a área de ocupação do povo moche compreendia uma vasta região costeira no norte Peru. A capital mochica abrigava um imponente conjunto arquitetônico construído em um vale, próximo à atual cidade de Trujillo. Nesse complexo, destaca-se a Pirâmide do Sol, segundo os estudiosos, o maior edifício de adobe já construído em toda a América Pré-Colombiana, com cerca de 40 metros de altura e 355 metros de comprimento. A erosão pela qual passa a região leva a crer que a altura do edifício tinha maiores proporções na época em que foi feito. A cultura Moche erigiu diversas cidades que possuíam um avançado sistema hidráulico para a captação de águas que serviam para irrigar plantações, em especial de amendoim, batata, milho e algodão.

Os mochicas confeccionavam objetos de cerâmica decorados com desenhos elaborados e pintados principalmente de vermelho. O destaque são os "vasos de estribo" (vasilhames com uma protuberância ou bico), cuja abertura era utilizada para a inserção de algum líquido no vaso. Os vasos de estribo encontrados são, em sua maioria, bastante decorados e coloridos com tons fortes. Alguns têm a forma de um rosto humano ou a de um animal, sendo a felina a mais comum. O conjunto das cerâmicas mochicas compõe narrativas preocupadas em relatar cenas míticas ou cerimoniais. Os temas mais frequentes são: cenas de caça; sacrifício humano e decapitação; guerra e atividades bélicas, com destaque para a captura de prisioneiros; confecção de tecidos em telares portáteis controlados por mulheres; relações sexuais; imagens do falo e cenas de mulheres dando à luz ajudadas por parteiras.

Foi na região mochica que foi encontrado um dos túmulos considerados mais importantes de toda a América Pré-Colombiana. Dentro da pirâmide Huaca Rajada (*huaca* é a denominação que se dá aos lugares sagrados ou pirâmides no Peru) foram descobertos 16 enterramentos, em que se destaca a tumba do Senhor de Sipán, um importante governante mochica de 1,63 m de altura, falecido ao redor de seus 45 anos de idade. Seu corpo estava dentro de um sarcófago de madeira, trazia grandes adornos auriculares de ouro decorados com pequenas placas de turquesa que figuram um ser humano com características de ave, além de uma suntuosa narigueira de ouro, um típico objeto da elite inserido nas narinas a partir da perfuração do septo nasal, e um rico conjunto de colares de prata e ouro. A cabeça repousava sobre uma grande placa de ouro. O Senhor de Sipán foi sepultado juntamente a seis pessoas sacrificadas colocadas a seus pés, indicando submissão: suas três esposas, dois homens com os pés amputados e uma criança de aproximadamente 6 anos de idade. Também foram sepultados com o Senhor de Sipán um cachorro e duas lhamas. No local, havia ainda mais de 450 artefatos mortuários, muitos deles confeccionados em cobre, ouro e prata.

Adrian Hernandez (CC BY-SA 4.0)

Tumba do Senhor de Sipán, cultura Mochica.

A chegada dos arqueólogos ao complexo funerário que envolve a tumba do Senhor de Sipán foi comparada à descoberta da tumba de Tutancâmon por Howard Carter, no Egito. Encontrada em 1987 pelo arqueólogo Walter Alba, a tumba composta por um complexo e rico fardo mortuário fascinou os pesquisadores. Era a primeira vez que se encontrava uma tumba intacta no Peru.

> ### "Indiana Jones do Peru"
>
> Nas palavras de Walter Alba:
>
> Quando nossa equipe chegou ao local, em 25 de fevereiro de 1987, [o monumento] já estava em processo de saque em massa. Vários *huaqueros* (saqueadores) haviam levado moedas de ouro de uma primeira sepultura. Os habitantes do entorno haviam se apossado do monumento e, em meio a uma espécie de corrida do ouro, tentavam cavar novos buracos para descobrir mais objetos. Se algo não fosse feito, em pouco tempo, o local estaria totalmente devastado... O Peru também estava em meio a uma grave crise econômica e moral: as pessoas, portanto, não achavam razoável que a polícia protegesse um tesouro arqueológico que consideravam seu por direito. A situação era muito tensa e a única maneira de salvar o tesouro era manter um complexo dispositivo de vigilância policial ou desenvolver um projeto arqueológico, que foi o que finalmente fizemos.
>
> As pessoas recuperaram a autoestima e hoje se sentem orgulhosas de serem descendentes da cultura Moche, que tanta admiração inspira em todo o mundo. Hoje existem escolas, universidades, restaurantes e lojas chamadas *Senhor de Sipán*. O nome entrou na linguagem pública e sustentou a identidade regional. Ao longo do tempo, as pessoas constataram por si mesmas o grande impacto positivo da descoberta e do projeto arqueológico que a preserva.
>
> (Fonte: ALBA, Walter. La vuelta a casa del arte indígena. Entrevista de Walter Alba a Asbel López. *El Correo de la Unesco*, Lima, abr. 2001. Disponível em: <https://unesdoc.unesco.org/ark:/48223/pf0000122266_spa>. Acesso em: 12 ago. 2023; tradução minha.)

No ano de 2006 descobriu-se, dentro da pirâmide Huaca Cao Viejo, na região de Chicama, o enterramento de uma importante governante mochica, fato que pela primeira vez demonstrou que as mulheres também podiam ascender ao trono. Conhecida como Senhora (ou Dama) de Cao, seu corpo tinha sido mumificado e inumado envolvido em tecidos. Em torno dele havia oferendas compostas de vasilhas de cerâmica e objetos de ouro, cobre e prata. Em seu pescoço, 18 colares confeccionados com diversos materiais, como ouro, prata, lápis-lazúli, quartzo e turquesa. Ornada com uma grande coroa de cobre dourado com a figuração do rosto de um jaguar no centro e portando dois grandes cetros, a Senhora de Cao possuía tatuagens de aranhas, serpentes, onças, jacarés, macacos e mariposas no rosto, nos braços e nos pés. Essa grande quantidade de tatuagens fez alguns arqueólogos pensarem que, mais que uma governante, a Senhora de Cao pode ter sido uma adivinha ou uma poderosa xamã. Estudos mostraram que, ao morrer, ela tinha entre 20 e 25 anos de idade, media 1,45 m e que faleceu devido a complicações pela eclampsia durante o parto, ao redor de 400 d.C. A eficiente preservação do corpo somente foi possível graças à grande quantidade de mercúrio injetada no cadáver (cujas propriedades minerais ajudam a conservar o defunto por mais tempo).

Duas parecem ter sido as causas do colapso mochica: inundações provocadas pelo *El Niño*, que até hoje afetam de forma drástica a costa norte peruana, e as guerras ocasionadas pelo contato com o povo tiwanaku-wari, que se expandia em direção ao território em que viviam os mochicas em torno do ano 700 d.C.

Esse povo foi responsável pelo desenvolvimento da cidade de Tiwanaku (ou Tiahuanaco), localizada próxima ao lago Titicaca, no altiplano boliviano, a 4 mil metros de altura, sendo a cidade pré-colombiana de maior altitude. Nessa região com planícies de pasto, os tiwanakus criavam alpacas e lhamas, especialmente para a obtenção de lã.

O principal conjunto arquitetônico de Tiwanaku se chama Kalasasaya e é formado por um grande recinto quase quadrangular, de 131 por 136 metros, construído com rochas de arenito que lhe dão o aspecto de uma fortaleza. Aliás, a cidade está cercada por uma vala, o que assinala sua característica bélica. Nesse local, encontra-se a Porta do Sol, em cujo centro aparece um monólito de 3,5 m de altura, com uma rica iconografia em baixo-relevo representando o deus andino da Criação Viracocha. Recentemente foram encontrados artefatos de cerâmica, ouro e pedras semipreciosas, como o lápis-lazúli, confeccionados pelos habitantes de Tiahuanaco, dentro do próprio lago Titicaca, indicando que este foi um importante local de oferendas. A quantidade e a qualidade do trabalho em ourivesaria atestam o alto grau de desenvolvimento da metalurgia nas civilizações da América do Sul.

* * *

Na costa norte do Equador e sul da Colômbia, desenvolveu-se a cultura Tumaco-La Tolita, que, entre 500 a.C. a 500 d.C., produziu uma das mais importantes artes em ourivesaria de todo o continente americano. Nela se destacam os artefatos em ouro utilizados nos enterramentos, como máscaras funerárias. Linhas desse metal eram tecidas nas roupas dos governantes. Além disso, de acordo com estudiosos, foi o povo tumaco-la tolita o primeiro a trabalhar a platina (cuja obtenção depende de uma temperatura muito alta de fundição), que viria a ser utilizada pelos europeus somente na época da Revolução Industrial. Contudo, nem mesmo os ferreiros europeus obtiveram a platina de forma tão eficiente quanto esse povo.

Ele praticava um tipo eficiente de agricultura intensiva chamado de *camellón*, possível graças a um sistema hidráulico que consiste em escavar longos canais e, com a terra obtida, construir plataformas elevadas. Enquanto a água da chuva se deposita somente nas depressões ou sulcos formados pela extração de terra, a parte elevada é utilizada para o plantio, em especial o milho, que é permanentemente irrigado com a água retida nessas depressões. Assim, a parte elevada nunca é inundada pela água das chuvas que impossibilitaria o cultivo de plantas.

Ainda não se sabe como esse povo engenhoso desapareceu.

* * *

Outro povo com excelentes ouvires foi o chibcha, também conhecidos como muisca, que viveu no planalto central da Colômbia desde o ano 1000 d.C. até a Conquista europeia. Descendentes dos chibchas vivem ainda hoje na região. Os chibchas possuíam tanta destreza com o ouro que, além de ligá-lo a outros metais, eram capazes de produzir placas muito finas com as quais modelavam os artefatos sem que se quebrassem. Foi a partir do contato com o povo chibcha que os espanhóis criaram a famosa lenda do *El Dorado*, disseminada no período Colonial, que seria de uma cidade toda construída em ouro. Muitos espanhóis buscaram-na desenfreadamente, ao custo de muitas vidas perdidas. Talvez o que tenha levado à lenda seja o fato de que o governante chibcha costumava cobrir-se de pó de ouro antes de banhar-se no lago Guatavita, em um ritual de oferecer ouro aos deuses. Nessa cerimônia, objetos de ouro também eram jogados no lago. Dentre os objetos recuperados do lago pelos arqueólogos, o que chama mais a atenção é uma embarcação de ouro, realizada com grande esmero pelo ourives, sobre a qual está um homem em pé. Tal objeto atualmente se encontra no Museu do Ouro, na cidade de Bogotá.

* * *

No século XIV, o norte do Peru estava ocupado pelos chimus, que se caracterizavam pelo expansionismo militar. Sua capital era a cidade de Chan Chan, construída em adobe e localizada no vale de Chicama. A cidade até hoje está amuralhada e possui uma iconografia que remete a temas aquáticos, com cenas representando conchas, o mar e pessoas navegando. Os chimus praticavam agricultura intensiva usando canais de irrigação e realizavam o comércio de longa distância com o objetivo de obterem conchas *Spondylus,* de cujo corante pintavam as contas de adornos, como colares e pulseiras. Trocavam produtos também com povos amazônicos, de onde obtinham as penas de arara, tão apreciadas como adereços pelos governantes. Ainda traziam do Brasil as sementes de canela (*Nectandra sp.*) para usar como alucinógenos em rituais praticados por membros da elite.

Recentes pesquisas na atual cidade de Huanchaquito, no Peru, antigamente ocupada pelos chimus, revelaram ao público um enterramento coletivo com cerca de 300 jovens do sexo masculino e feminino, entre 5 e 14 anos de idade. Intrigou os pesquisadores a ausência das típicas vasilhas funerárias de cerâmica na sepultura. Em vez de tais vasilhas, estavam no local oferendas de 200 animais, em sua maioria lhamas e alpacas. Tanto os infantes quanto os camelídeos tinham marcas visíveis de corte no esterno e nas costelas, indicando que tenham morrido em uma espécie de sacrifício coletivo. Segundo o estudioso Gabriel Prieto, um dos coordenadores do projeto de pesquisa no local, os corpos haviam sido enterrados sobre uma espessa camada de lama, o que indica que isso tenha sido feito em um período de chuvas torrenciais provocadas pelo *El Niño,* um fenômeno climático que aquece as águas do oceano Pacífico e aumenta a incidência de chuvas na América do Sul. Assim, os sacrifícios teriam sido, nas palavras de Gabriel Prieto, realizados com a intenção de aplacar a ira dos deuses, buscando conter o prejuízo causado pelo excesso de chuvas na região.

Em meio a tempestades

O sustento da população de Chan Chan provinha de sistemas de irrigação cuidadosamente geridos e das pescarias costeiras: ambos poderiam ter sido prejudicados pela subida das temperaturas da água do mar e pelas chuvas torrenciais associadas a esse fenômeno climático. Um *El Niño* grave poderia ter abalado a estabilidade política e económica do reino Chimu. Os seus sacerdotes e chefes poderiam ter ordenado sacrifícios em massa como tentativa desesperada para persuadir os deuses a estancar a chuva e o caos. Este número de crianças e de animais implicou necessariamente um gigantesco investimento em prol do Estado. Persistem várias perguntas sem resposta. Pertenceriam as crianças a famílias da elite ou a famílias pobres? Sem artefatos funerários, é impossível determiná-lo. Quantas famílias perderam filhos no sacrifício? Abdicaram deles de livre vontade, na iminência da catástrofe que se avizinhava, ou deixaram-nos ir sob coação?

(In: PRIETO, Gabriel. O misterioso sacrifício de crianças do povo chimu. Entrevista a Kristin Romey. *National Geographic Portugal*, Lisboa, 15 abr. 2019. Disponível em: <httpsl/www.nationalgeographic. pt/historia/o-misterioso-sacrificio-criancas-do-povo-chimu_2082>. Acesso em: 21 fev. 2023.)

Em meados do século XV, no ano de 1470, os chimus se encontrariam com os incas, um povo em plena expansão, que os submeteriam ao seu domínio.

Principais culturas da Mesoamérica e da América do Sul

E EM TERRAS BRASILEIRAS?

Chegando ao final do nosso percurso por sociedades que antecede-ram incas, maias e astecas, cabe ressaltar que os indígenas que habitavam o território do atual Brasil não ocupam um lugar secundário no emaranhado de culturas que se desenvolveram na América Pré-Colombiana.

Até pouco tempo, acreditava-se que as complexas sociedades que surgiram ao longo do rio Amazonas, em especial a cultura Marajoara, localizada em sua foz, eram fruto de migrações andinas em direção ao leste da América do Sul. Segundo a visão um tanto simplista dessas pesquisas, cujo maior expoente foi a estudiosa estadunidense Betty Meggers, os traços culturais de uma sociedade seriam determinados pelo grau de adaptação do ser humano ao meio ambiente. Solos ácidos da Amazônia, provocados pelo processo de lixiviação, ou seja, a perda de seus nutrientes por conta das chuvas torrenciais, conforme essa visão, não poderiam produzir sociedades complexas como as que se desenvolveram nos Andes ou na Mesoamérica.

Urna funerária marajoara representando
uma mulher, provavelmente da elite.

Contudo, a existência de sociedades complexas vivendo em cidades densamente povoadas foi registrada em fontes documentais de expedições europeias pelo rio Amazonas do século XVI, que buscavam fundamentalmente ouro e prata, sendo a principal delas a de Carvajal, o mais importante explorador do rio Amazonas.

Foi somente no final dos anos de 1980 que a arqueóloga Anna Roosevelt, também estadunidense, demonstrou a existência de sociedades complexas na Amazônia, corroborando, assim, informações da documentação histórica colonial. Essa arqueóloga comprovou a presença de vários montículos de terra datados de 400 a 1300 d.C. na ilha de Marajó, parecidos com aqueles existentes entre os povos mississipianos. Sobre esses montículos, a sociedade marajoara construiu suas residências e enterrou seus mortos dentro de grandes urnas funerárias, ricamente decoradas com excisões figurando jacarés, lagartos e seres humanos, além de pinturas policromadas, sobretudo em vermelho e preto sobre um fundo branco.

Indígenas e egípcios

As sociedades complexas de Marajó seriam comparáveis às do início da cultura Egípcia ou às primeiras sociedades complexas do Oriente Médio, como a de Çatalhoyuk, na Turquia. O que chamamos de cultura Egípcia é uma combinação de milênios de desenvolvimento. As sociedades complexas iniciais existiram bem antes das primeiras dinastias de faraós, que construíram as pirâmides. É com isso que se parecia a cultura Marajoara. Seria semelhante também às culturas formativas do México, Peru ou da Ásia. Elas passaram por etapas similares de adaptação e de desenvolvimento. Criaram monumentos cerimoniais, embora variasse a forma como organizavam os assentamentos. Marajó, por exemplo, tem mais assentamentos – e maiores – do que os da cultura Çatalhoyuk.

(In: ROOSEVELT, Anna. A arqueóloga das florestas. Entrevista a Ricardo Zorzetto. *Revista Fapesp*, São Paulo, 21 fev. 2023. Disponível em: <https://revistapesquisa.fapesp.br/wp-content/uploads/2019/12/030-035_Entrev-Anna-Roosevelt_287.pdf>. Acesso em: 8 set. 2023.)

Hoje sabemos, ademais, da existência de outra cultura, chamada Santarém (ou Tapajônica), que se desenvolveu entre 1200 e 1600 d.C. no atual estado do Pará. Com uma terra de coloração escura também utilizada para o cultivo de plantas por ser altamente fértil e conhecida como "terra preta de índio", o povo tapajônico produziu vasilhas chamadas de cariátides, ricamente decoradas com representações de pássaros, serpentes, jacarés, morcegos e mamíferos, animais que compunham o panteão religioso dessa cultura.

A cultura Tapajônica também confeccionou pequenos amuletos em pedras verdes do tipo nefrita, algumas de jade, cuja rocha ainda não foi encontrada na região, e que, portanto, provavelmente chegou via comércio com outros povos mais distantes, como os que viveram nas ilhas do Caribe. Conhecidos como muiraquitãs, esses amuletos possuem, em geral, a forma de uma rã.

Muiraquitã de 2,92 cm encontrado na estearia da Boca do Rio
(localizada no rio Turiaçu em Santa Helena, Maranhão)
e que atualmente faz parte do acervo
do Laboratório de Arqueologia da Universidade Federal do Maranhão (UFMA).

Os muiraquitãs foram também encontrados na cultura Marajoara e nas estearias, que são sítios arqueológicos no sistema lacustre da porção norte do Maranhão, a mais de mil quilômetros de distância da ilha de Marajó. Esses sítios são caracterizados por habitações construídas sobre palafitas ou esteios (daí a palavra *estearia*) dentro dos diversos lagos que fazem parte da paisagem dessa região do atual Maranhão, e datam do início da era cristã ao ano de 1200 d.C. Algumas estearias possuem mais de 4 mil esteios, evidenciando que havia um certo nível de complexidade social que comportava a existência de governantes que lideravam e organizavam o trabalho de construção das aldeias. Esse modo de organização sociopolítica é conhecido como cacicado. Era a forma de governo predominante também nas aldeias indígenas encontradas por Colombo nas Antilhas em 1492, ou entre os chibchas mencionados anteriormente.

Os pesquisadores concluíram que as pedras verdes empregadas na confecção de muiraquitãs eram obtidas a partir de uma rede de comércio de longa distância entre os governantes de diversas sociedades, desde o Maranhão, passando pelo baixo Amazonas até o Caribe. Esses amuletos significavam prestígio e poder, e conferiam aos governantes um *status* social importante, reconhecido por toda a população envolvida nessa rede de intercâmbio comercial.

* * *

Há que se relatar, por fim, uma das mais importantes descobertas recentes na Amazônia ocidental, na região de Llanos de Mojos, na Bolívia. Nessa área, desenvolveu-se a cultura Casarabe entre os anos de 400 e 1500 d.C. Em 2022, estudiosos da Universidade de Bonn liderados por Heiko Prümers utilizaram o Lidar (*Light Detection and Ranging*, ou detecção remota por laser pulsado), um dispositivo que, como um escâner, mapeia o subsolo de áreas com muita vegetação e de difícil acesso. O resultado foi a descoberta da existência de uma cidade amazônica na Bolívia, maior que muitas cidades medievais da Europa. O assentamento abriga vestígios de uma série de construções arquitetônicas em forma de U, conectadas entre si com sistemas de calçada e uma pirâmide de 22 metros de altura.

A civilização Maia

ENTRE O MAR, A SELVA E AS MONTANHAS

A região em que se desenvolveu a civilização Maia corresponde ao que é hoje o sul do México, englobando os atuais estados de Tabasco e Chiapas, a península do Iucatá, onde estão os estados de Campeche, Quintana Roo e o próprio Iucatá; além de Belize, a porção ocidental de Honduras e El Salvador.

Em termos geográficos, a área ocupada pelos maias divide-se em Terras Altas e Terras Baixas.

As Terras Altas são formadas por uma cadeia montanhosa de origem vulcânica, cujos picos mais altos alcançam 4 mil metros de altura. Estendem-se da porção oriental de Chiapas, no México, a El Salvador. Essa região, já na Guatemala, apresenta dois lagos: o Amatitlán, próximo da atual cidade da Guatemala, e o Atitlán, no atual departamento de Sololá. Com um clima quente e úmido, a região é regada por dois sistemas fluviais principais.

O primeiro deles forma o rio Motagua, que desemboca no golfo das Honduras. O segundo compreende o rio Usumacinta, que desemboca no golfo do México. O Usumacinta e seus tributários formam a via fluvial de maior importância na área maia por permitir que neles fossem realizadas as principais navegações do povo maia. As cidades maias localizadas nas Terras Altas eram todas maiores que as dos demais povos apresentados anteriormente. Concentravam-se em vales que se elevam a mil metros acima do nível do mar, a exemplo de Kaminaljuyú, El Baúl e Takalik Abaj.

As Terras Baixas compreendem uma região com altitude inferior aos 600 metros, raramente ultrapassando 100 ou 200 metros. Dividem-se em duas partes. A primeira delas, conhecida como Terras Baixas do Sul (ou Central), está coberta quase exclusivamente por uma floresta tropical densa e úmida, que se prolonga desde a planície costeira de Tabasco, no golfo do México, até Belize e Honduras, no litoral do Mar do Caribe, e passando pelo Petén, no norte da Guatemala. As Terras Baixas do Sul eram a região nuclear da civilização maia e abrigavam suas cidades mais importantes, como Tikal, Uaxactún e Aguateca, na Guatemala; Calakmul, Yaxchilán e Bonampak, no México; e Copán e Quiriguá, em Honduras. Já as Terras Baixas do Norte abrangem praticamente toda a península do Iucatá. Caracterizam-se por uma grande formação calcária e são quase exclusivamente desprovidas de cursos d'água superficiais. É uma região de clima árido onde também foram edificados centros urbanos que se concentram principalmente em duas áreas: a primeira, conhecida como Puuc, fica na porção oeste da península e compreende cidades como Uxmal, Labná, Kabah e Sayil; a segunda, situada na porção centro-oriental, reúne centros urbanos como Ek Balam e Chichén Itzá.

VIAJANTES E EXPLORADORES NA FLORESTA TROPICAL

É consenso entre os pesquisadores que o estudo da civilização Maia foi inaugurado com duas explorações realizadas entre os anos de 1839 e 1841 por dois viajantes, o diplomata e advogado norte-americano John Stephens e o arquiteto inglês Frederick Catherwood. Os resultados dessas explorações renderam duas obras: *Incidents of Travel in Central America, Chiapas and Yucatán* (1841) e *Incidents of Travel in Yucatán* (1843).

Tendo feito pesquisas no Egito e no Mediterrâneo e com o sucesso das suas obras anteriores, *Incidents of Travel in Egypt, Arabia Petrae and the Holy Land* e *Incidents of Travel in Greece, Turkey, Russia and Poland* (1838), Stephens acabaria atraindo a atenção do público para as antigas civilizações da América Central. Suas descrições sobre as ruínas maias são ricas e detalhadas. Catherwood foi autor dos desenhos que evitaram todo o excesso de elementos artísticos que acabavam deturpando a imagem retratada, algo comum naquela época.

Muitos estudiosos do século XIX deram continuidade ao mapeamento e às descrições de cidades maias seguindo os passos de Stephens e Catherwood. Entre eles, Alice e Augustus Le Plongeon, Desiré Charnay, Edward H. Thompson e Teobert Maler, cujas observações centraram-se em palácios, templos e monumentos esculpidos. Destaca-se ainda o inglês Alfred P. Maudslay, cujas explorações iniciaram-se em 1881, e que teve como sua contribuição maior o desenho de plantas de inúmeras cidades maias, além de ter fotografado as maiores estruturas desses assentamentos urbanos. Os resultados de seu trabalho foram publicados em quatro volumes na obra *Biologia Centrali-Americana* (1889-1902).

Os primeiros estudos científicos na área maia feitos nas ruínas da cidade de Copán, em Honduras, ocorreram sob o patrocínio do Peabody Museum da Universidade de Harvard na década de 1890 e, mais tarde, foram retomados pelo arqueólogo William Fash, no início da década de 1980. O conjunto dos trabalhos sobre Copán proporciona uma visão bem ampla dessa cidade, destacando estruturas como as pirâmides e as estelas (monumentos verticais, semelhantes a um obelisco, que retratam a imagem de um determinado governante e suas principais realizações). A maior dessas estelas, alcançando um pouco mais de 10 metros de altura, foi encontrada na cidade de Quiriguá, próxima a Copán.

A CRONOLOGIA MAIA

A cronologia do desenvolvimento da civilização Maia ainda é motivo de discussão entre os pesquisadores. Mas, de maneira geral, considera-se que a história dessa civilização se divide nos seguintes períodos:

- *Pré-Clássico* (2000 a.C. a 300 d.C.);
- *Clássico* (300 a 909 d.C., subdividindo-se em *Clássico Tardio*, de 600 a 800 d.C., *Clássico Final*, de 800 a 909 d.C., e um período de transição chamado de *Clássico Terminal*, de 800 a 1050 d.C.);
- *Pós-Clássico* (1050 a 1521 d.C.).

Foi no Pré-Clássico Tardio (400 a.C. a 250 d.C.) que a sociedade se complexificou na área maia, quando foi desenvolvida a arquitetura monumental de cidades como El Mirador e Nakbé, na região conhecida como Bacia do Mirador, na atual Guatemala.

O período Clássico está associado com o início da escrita hieroglífica e o uso do Calendário de Longa Duração. O registro escrito mais antigo encontra-se na Estela de Tikal, datada em 292 d.C., e por isso se diz que o período Clássico começa ao redor de 300 d.C. Durante esse período, os maias alcançaram seu auge, forjando o cenário de importantes cidades apresentadas neste capítulo.

Durante o período Clássico Tardio (600 a 800 d.C.), a civilização Maia alcançou seu maior crescimento populacional, assim como o máximo desenvolvimento artístico e intelectual.

No entanto, sinais de colapso começam a se configurar a partir do ano de 800 d.C., quando as cidades passam a sofrer um declínio populacional intenso, chegando a ser abandonadas em sua quase totalidade. Essa época, conhecida como Clássico Final (800-909 d.C.), coincide com o auge da civilização Maia nas Terras Baixas do Norte, representado pelas cidades de Uxmal e Chichén Itzá.

Por fim, o Pós-Clássico (1050 a 1521 d.C.) é um período de grandes transformações sociais, quando as grandes cidades do período Clássico, Tikal e Calakmul, deixam de existir. É nessa época que surgem duas cidades fortificadas: Mayapán, situada no oeste da península do Iucatá, e posteriormente Tulum, na costa oriental da península. A chegada dos espanhóis na área maia, no ano de 1521, marca o fim do período Pós-Clássico.

LINHA DO TEMPO

30 d.C.	300 d.C.	476 d.C.	622 d.C.	800 d.C.	1000 d.C.	1453 d.C.	1492/1521 d.C.
• Crucificação de Jesus • A cidade de Teotihuacán é construída • Apogeu de El Mirador, cidade do Pré-Clássico maia • Desenvolvimento da cidade de Paracas, no Peru	• Constantino dá liberdade de culto aos cristãos • Invasões germânicas no Império Romano do Ocidente • Feudalismo na Europa • Auge da civilização Mochica (Peru) (governo do Senhor de Sipán) • Início do período Clássico maia	• Queda do Império Romano do Ocidente • Teotihuacán estabelece um enclave militar na cidade de Tikal • Declínio da civilização de Hopewell (EUA)	• Hégira, fuga de Maomé de Meca para Medina • Auge da civilização Maia • Sobe ao trono Pacal I, o Grande, governante de Palenque	• Início do colapso da civilização Maia das Terras Baixas do Sul • Coroação de Carlos Magno como imperador do Sacro Império Romano do Ocidente • Auge do Império Aksum (Gana, África) • Auge de Llanos de Moxos, na Bolívia • Declínio de Cahuachi, capital de Nazca (Peru)	• Auge de Chichén Itzá • O rei 8 Veado tenta unificar a região da Mixteca (México) • Renascimento • Ideia milenarista cristã de fim do mundo na Europa • Queda da civilização de Cahokia (EUA) • Auge da cultura Marajoara e dos povos das estearias	• Queda de Constantinopla (1453) • Início da Idade Moderna • Auge da civilização Asteca (imperador Montezuma I) • Auge da civilização Inca, construção de Machu Picchu	• Expansão mercantilista • Chegada de Colombo às Antilhas e de Cortés ao México • Fim do Pós-Clássico maia • Chegada dos portugueses ao Brasil • Os tupinambás dominavam toda a costa brasileira

"SOMOS O QUE COMEMOS"

Para conseguir alimentos, os maias combinavam diversas técnicas agrícolas com formas de obter o sustento a partir dos recursos naturais disponíveis, dependendo da geografia do local que escolhiam para construir uma cidade. Praticavam, portanto, além da agricultura, a caça e a coleta (subsistência através de alimentos silvestres) e a criação de animais. Com a caça (na qual podiam empregar armadilhas), obtinham para consumo a carne de veados, de antas, de porcos-do-mato e de macacos. Das águas de lagos, mar e rios, os maias pescavam e capturavam com armadilhas uma grande quantidade de peixes e crustáceos. Coletavam frutas, como o mamão, o cacau, o abacaxi e a graviola, e condimentos, como a baunilha e o orégano. Os maias domesticaram alguns animais, como o cão, utilizados na caça e como guardião, e o peru e o pato, para consumo. Construíram, ainda, grandes estanques para a criação de peixes que serviriam de alimento para a população.

A principal atividade de subsistência maia, contudo, era a agricultura intensiva, que modificava acentuadamente o meio ambiente ao se valer da construção de canais que irrigavam as plantações. (Construções da engenharia hidráulica maia podem ser vistas em fotos feitas por satélites.) Os principais cultivos eram o da pimenta, do feijão, da abóbora e, o mais importante, do milho, bastante utilizado nos pratos consumidos cotidianamente e fonte importante de proteína. Entre eles, as tortilhas (um tipo de "pão sírio"), o atole (uma espécie de mingau) e o pozole (uma sopa feita à base do grão da variedade *cacahuazintle*), servido com acompanhamentos diversos. (Pratos da culinária maia podem ser encontrados até hoje em restaurantes do México e da Guatemala.) Historicamente, o milho foi um alimento muito importante para as populações locais, e o México é o país com a maior variedade de espécies: são 64 tipos, sendo 59 delas nativas do país. Já no Brasil, a título de comparação, os povos indígenas preferiram o consumo da mandioca.

ARRANHA-CÉUS NA FLORESTA

Podemos definir a arquitetura como um elemento cultural capaz de criar espaços com diferentes funções, correspondendo às necessidades humanas de cada presente, que podem mudar ao longo do tempo. As estruturas ou edifícios das cidades, até os dias atuais, não são construídos aleatoriamente, ao contrário, são organizados segundo critérios definidos pela sociedade.

Os edifícios maias, em geral, possuem elementos arquitetônicos mais ou menos estandardizados. O modelo mais comum é a alvenaria, com uma base de pedra sobreposta por plataformas de pedra unidas por cal. No caso das pirâmides, a plataforma é arrematada por uma construção superior chamada de *crestería*, que retrata o governante. Todos esses componentes estão relacionados entre si por meio de algumas molduras, principalmente nas cornijas (molduras superiores), as quais dividem a fachada do edifício em várias franjas horizontais, decorativas, produzindo uma visão harmônica.

A arquitetura maia também produziu *plazas* (ou praças, em português). A *plaza* é um espaço aberto, artificialmente nivelado com o entorno físico. Tende a ser retilínea, mas pode ser irregular, dependendo do terreno em que foi construída. As *plazas* geralmente eram lugares públicos a serviço da vida comunitária. Também eram utilizadas para coletar a água da chuva por meio de um sistema hidráulico. Uma *plaza* podia ser ligada a outras por meio dos *sacbeoob*, que são caminhos ou calçadas pavimentadas com cal. Estas comunicavam os diferentes espaços arquitetônicos dentro da cidade. Frequentemente, um lado da *plaza* era ocupado por uma pirâmide construída com rochas encontradas nas proximidades, como o calcário.

O grande espaço ocupado pela *plaza* também continha as quadras de jogo de bola (ou *pelota*). A quadra geralmente tinha a forma de um I latino, ladeado, muitas vezes, por duas arquibancadas, uma de cada lado da estrutura, ou simplesmente por muros. Em algumas delas, anéis confeccionados em alvenaria estão colocados nas partes altas dos muros. Acredita-se que era por eles que a bola de borracha deveria passar, ou seja, podemos dizer que serviam como um tipo de gol.

O tamanho das quadras varia, a maior delas é O Grande Jogo de Bola da cidade de Chichén Itzá, localizada na península do Iucatá, México, que tem 168 metros de comprimento por 70 de largura. Dadas suas grandes dimensões, hoje em dia se discute se realmente o jogo de bola era realizado lá, já que especificamente seu anel se localiza a 10 metros de altura e a sua circunferência é muito pequena. Uma hipótese é que a quadra de Chichén Itzá era um local onde se realizavam rituais que recordavam a criação do mundo na cosmovisão maia, quando os deuses, ao criar o universo e os seres humanos, teriam atirado uma bola.

Luis Fernández García (CC BY-SA 3.0)

Quadra de jogo de bola da cidade de Chichén Itzá,
a maior da Mesoamérica.

Quer fossem palcos de jogos concretos ou não, conclui-se que as quadras de jogo de bola eram edifícios públicos construídos com objetivos de propaganda ideológica, pois sua iconografia servia para legitimar o poder do rei e garantir a perpetuação da cosmovisão maia. Por exemplo, nos muros que delimitavam a quadra de Chichén Itzá estão representados dois grupos de jogadores, que são adversários. Na imagem que parece retratar o final do jogo, um dos jogadores está decapitado, de sua cabeça – nas mãos de um dos adversários – jorra sangue em forma de serpentes. O sangue e a serpente são dois elementos fundamentais da ideia de criação do mundo e dos seres humanos.

Quando os jogos eram efetivamente realizados, o que ocorria com os jogadores? Antigamente, os estudiosos acreditavam que os perdedores eram decapitados em honra das divindades. No entanto, outra corrente de estudo, mais recente, diz que os sacrificados eram os vencedores, já que seria uma ofensa oferecer os perdedores aos deuses.

Jogo de bola na floresta

O jogo de bola mesoamericano foi praticado por algumas civilizações antigas da Mesoamérica, principalmente os maias, astecas e olmecas. Esse esporte é conhecido por diferentes nomes, como "pok-ta-pok" para os maias e "tlachtli" para os astecas. O objetivo principal do jogo era passar uma bola de borracha por um aro de pedra colocado na parede do campo de jogo.

▶

Segundo as diversas fontes históricas relacionadas às regras do jogo de bola mesoamericano, a bola era confeccionada de borracha maciça. Era relativamente pesada e seu diâmetro podia variar entre 10 e 30 centímetros. O peso e a dureza da bola dificultavam a manipulação e aumentavam a intensidade do jogo. Os jogadores podiam usar os quadris, cotovelos ou antebraços para acertar a bola e fazê-la passar pelo aro. No jogo de bola mesoamericano geralmente participavam duas equipes, sendo que o número de jogadores por equipe pode variar, mas o mais comum era de dois a quatro. Em algumas representações históricas, os jogadores foram observados usando certas proteções para o corpo. Por exemplo, alguns jogadores usavam bandagens em volta dos quadris e até mesmo cintas acolchoadas para se protegerem durante o jogo. No entanto, devido à escassez de registros detalhados, as posições específicas no jogo são desconhecidas. Geralmente, todos os jogadores participavam ativamente do jogo, movimentando-se pelo campo e tentando acertar a bola. No que se conhece das regras do jogo de bola mesoamericano, era proibido usar as mãos ou os pés para bater na bola. A bola tinha que seguir em frente e não sair do campo. Caso isso ocorresse durante uma partida, a equipe sofria perda de pontos ou atribuição de ponto à equipe adversária. Se um jogador ou a bola saísse dos limites do campo de jogo, era considerado falta. Geralmente era penalizado com a perda de pontos ou com a entrega da posse de bola à equipe adversária. A bola de borracha em movimento representava as trajetórias do Sol. O vencedor do jogo era protegido pelos deuses. É importante ter em mente que as informações sobre as regras do jogo de bola mesoamericano são limitadas e baseiam-se principalmente em interpretações de representações artísticas e descrições históricas. O jogo continua sendo reproduzido na atualidade. O ulama, por exemplo, é um desses remanescentes do jogo ancestral jogado pelos moradores do estado mexicano de Sinaloa.

(Fonte: PÉREZ, Celeste. Reglas del juego de pelota mesoamericano. *Journey Sports*, 29 maio 2023, tradução minha. Disponível em: <https://journey.app/blog/reglas-del-juego-de-pelota-mesoamericano/>. Acesso em: 9 out. 2023.)

Os maias também construíram pirâmides, que eram edifícios dinásticos, ou seja, mandados erguer pelos governantes para demonstrar e perpetuar seu poder. Em alguns casos, a construção continuava com o sucessor, que podia remodelar o edifício ou até mesmo destruí-lo parcialmente para, em seguida, erguer outro no mesmo local, caso o novo governante não quisesse perpetuar a memória do anterior.

As pirâmides maias também representavam a Primeira Montanha. Na cosmovisão dos maias, a Primeira Montanha era o local de criação do mundo. Para eles, portanto, as pirâmides eram também locais sagrados.

Muitas delas serviram também como túmulos. A tumba de Pacal, o mais importante rei maia da cidade de Palenque, localizada no atual estado de Chiapas, México, construída no século VII, está localizada dentro da pirâmide chamada Templo das Inscrições, e é a mais elaborada não só da área maia, mas também de todo o continente americano pré-colombiano.

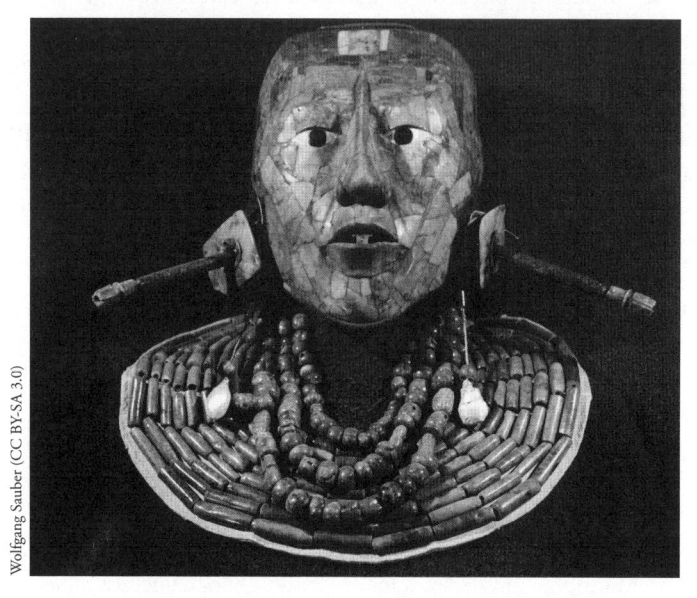

Máscara funerária e colares confeccionados em jade
que pertenceram ao rei Pacal, sepultado na cidade de Palenque,
onde governou por décadas.

Levantamentos arqueológicos realizados por Lidar revelaram que o que se pensava ser colinas naturais próximas ao conjunto arquitetônico chamado Mundo Perdido em Tikal, localizadas no norte da Guatemala, é, na verdade, um conjunto de edifícios com disposição arquitetônica semelhante à da Cidadela em Teotihuacán, no México central, a mais de mil quilômetros de distância. Tudo indica que este novo espaço descoberto tenha sido construído pelos próprios teotihuacanos e para o seu uso dentro da cidade maia de Tikal, como uma réplica menor da sua Cidadela, pois seus alinhamentos arquitetônicos com os 15 graus de orientação astronômica são típicos da cidade de Teotihuacán. Os achados indicam não só relações próximas entre ambas as cidades tão distantes geograficamente, mas também que Tikal pode ter sido governada por teotihuacanos no final do século IV d.C.

Imagem atual do Templo IV da cidade de Tikal:
uma das maiores pirâmides da área maia.

CALENDÁRIO E CONCEPÇÃO DE TEMPO ENTRE OS MAIAS

A existência de um sistema numérico evidencia a complexidade que alcançou a civilização Maia. Os números maias eram escritos tão somente pela combinação de três símbolos: um ponto para o valor unitário, uma barra para o cinco e um signo variável para o zero. O maior dígito individual era 19, composto de três barras e quatro pontos. Para números maiores, utilizavam um sistema de notação posicional, de caráter vigesimal e não decimal como o nosso.

O sistema de numeração e de registro calendárico dos maias também fazia parte do seu mundo cosmológico, ou seja, estava relacionado com as explicações da origem do mundo. Para os maias, a existência pertencia a eternos ciclos cósmicos, de maneira que a vida adquiria uma dimensão muito mais ampla que a de um só indivíduo – de acordo com essa lógica de pensamento, era necessário registrar os acontecimentos socialmente mais importantes, porque iriam repetir-se e, portanto, era preciso estar preparado para os eventos e as transformações.

Os maias manifestaram uma grande preocupação em medir o tempo e reconhecer seus ciclos. Criaram um sistema calendárico com uma Data Era como ponto de partida para seus cálculos (que, em nosso calendário, corresponde ao ano de 3114 a.C.), possivelmente associada ao momento de criação do mundo por Ah Mun (ou Hun Hunahpú), o deus do Milho, divindade tutelar das dinastias reais (a Data aparece em uma inscrição de um templo da cidade de Palenque). Esse sistema era utilizado nos textos como referência para as narrativas.

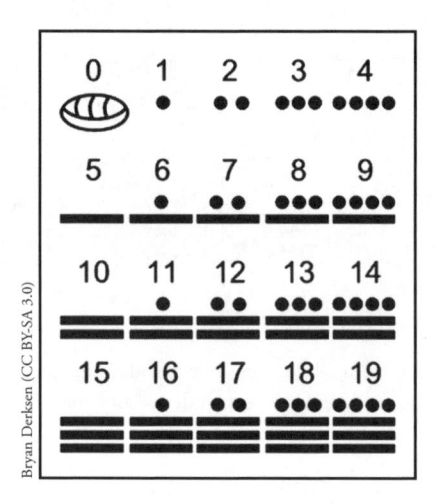

Bryan Derksen (CC BY-SA 3.0)

Representação dos números maias e seus equivalentes em algarismos arábicos.

Foram utilizados dois calendários, um ritual e outro solar, usados simultaneamente. O ritual era composto de 260 dias (*tzolkin*), formado pela combinação de 13 numerais com 20 signos (13 x 20 = 260); já o solar (*haab*) era integrado por 18 meses de 20 dias cada um (18 x 20 = 360), com um mês curto de cinco dias ao final do ano, que antes eram conhecidos como dias "nefastos", ou *uayeb*, completando o ciclo anual do sol de 365 dias. A combinação desses dois calendários, que equivalia a 52 anos solares (18.980 dias) ou 73 rituais, é conhecida como Roda Calendárica.

Já para o registro de períodos de tempo maiores, os maias desenvolveram, durante o Clássico, um sistema mais avançado de contagem conhecido como Calendário de Longa Duração. Nesse calendário, a unidade de tempo mais alta era o Baktún (equivalente a 144 mil dias), seguida pelo Katún (7.200 dias), o Tun (360 dias), Uinal (20 dias) e o K'in (1 dia). Por exemplo, a data 9.10.16.8.14 era lida como 9 Baktunes (9 x 144.000), 10 Katunes (10 x 7.200), 16 Tunes (16 x 360), 8 Uinales (8 x 20) e 14 Kines (14 x 1), correspondendo aproximadamente a 3.764 anos. Como a data inicial do calendário maia corresponde ao nosso ano de 3114 a.C., para procurar sua equivalente no calendário atual gregoriano, basta subtrair esse número do exemplo dado, obtendo como resultado o ano de 650 d.C.

O fim do mundo de 2012

Pouco antes de dezembro de 2012, certos meios de comunicação divulgaram que os maias teriam previsto que o fim do mundo ocorreria naquela data. Essa informação não tem qualquer fundamento real. A preocupação em localizar quando será o fim dos tempos faz parte de uma tradição judaico-cristã (por exemplo, ela aparece na Bíblia, no livro de Apocalipse), mas não existia dentro da religião maia. Os maias nunca acreditaram no fim dos tempos, ao contrário, eles pensavam que haveria uma renovação do mundo a cada 52 anos. Na cosmovisão maia, o mundo estaria em constante transformação, e cada novo período seria fruto de ações do passado, que se revigorariam no presente. Mas por que se propagou a informação (falsa) de que a previsão maia contemplava justamente o ano de 2012? A ideia surgiu a partir da multiplicação da unidade de contagem chamada Baktún (144 mil dias) por 13, algarismo equivalente ao máximo de unidades permitido pelo calendário, ou seja, 144.000 x 13. O resultado é 1.872.000 dias, que, dividido pelo número de dias no ano (365,2 dias), levará, aproximadamente, ao número 5.126. Como a data inicial do calendário maia corresponde ao ano de 3114 a.C., subtraindo esse número pelo anterior, chega-se ao ano de 2012 no calendário ocidental atual. No calendário maia, essa data seria 13.0.0.0.0 ou Katún 4 Ahau, ou seja, especificamente, 21 de dezembro de 2012. Contudo, pelo ponto de vista da cultura maia, o nosso 2012 marcaria apenas o início de um novo ciclo calendárico e não do fim do mundo como o pessoal sensacionalista chegou a apregoar.

(In: NAVARRO, Alexandre. "O último calendário. Entrevista a Evanildo da Silveira". *Superinteressante*, São Paulo, maio 2011, pp. 18-25.)

ESCREVENDO EM FOLHAS DE FIGUEIRA E PELE DE VEADO

Nenhuma outra civilização do continente americano desenvolveu uma escrita fonética tão complexa como a maia. A descoberta das bases fonéticas da escritura hieroglífica maia foi realizada pelo pesquisador russo Yuri Knorosov. A escrita maia é um sistema combinado que emprega os signos chamados logogramas para palavras completas, enquanto usa outros signos para se referir a sílabas ou vocais. Esse sistema combinado compreende mais de 500 signos, dos quais uns 300 já foram decifrados.

Os maias também usaram hieróglifos, que até hoje impressionam os leitores por sua elaboração visual. Os hieróglifos são de dois tipos: os *principais*, que são os de maior tamanho, ocupam um lugar central; e os *afixos*, colocados em cima, embaixo, em frente ou mesmo dentro dos glifos. A união de dois ou mais glifos forma um cartucho, e o conjunto de cartuchos compõe orações que, por sua vez, constroem os textos. A ordem da leitura é da esquerda para a direita e de cima para baixo. A ordem dos componentes gramaticais é, na maioria das vezes, a mesma. Os chamados "glifos de evento", que correspondem a verbo, vêm localizados no início da oração; eles geralmente têm a ver, de modo direto, com a vida dos governantes, por exemplo: nascer, entronizar, erigir, guerrear, capturar, sacrificar e morrer. Depois do verbo, aparece o sujeito da oração ou o autor dos fatos narrados; no caso dos soberanos, os nomes sempre vão acompanhados de títulos associados ao seu poder, como: Senhor, Senhor da Esteira, Grande Senhor do Sol, Grande Árvore, O que Sustenta e o Jogador de Bola. A última parte da oração constitui o objeto.

Os epigrafistas identificaram ainda o que chamaram de "glifos emblema", que se relacionam com os nomes das cidades ou como apelativo da dinastia ou grupo que governou ou governa a cidade. Também já se conhecem alguns glifos "relacionadores de parentesco", alguns dos quais lidos como "a mãe de", "o filho de" e "o irmão mais velho".

Os registros dinásticos eram escritos em monólitos (como as estelas), nas paredes internas de templo, em artefatos de cerâmica (como vasos e pratos), em altares, tronos e batentes de porta, além de serem gravados em jade e osso. No entanto, a maior parte dos escritos se perdeu por ter sido feita em material mais perecível ou por ter sido destruída pelos padres espanhóis, que os associaram ao diabo. Isso ocorreu, por exemplo, com os livros conhecidos como códices, dos quais somente se conservam três na atualidade.

Os códices receberam nomes de cidades europeias, uma vez que foram enviados pelos conquistadores ou padres aos reis espanhóis no século XVI e, posteriormente, espalharam-se por motivos desconhecidos, sendo eles: o Códice de Dresden (Alemanha), o Códice de Paris (França) e o Códice de Madri (Espanha). Um quarto códice maia, antes chamado Grolier por ter sido exposto pela primeira vez no Club Grolier em Nova York, foi considerado falso até o ano de 2018, quando passou por novas análises. Hoje é considerado autêntico e foi rebatizado com o nome de Códice Maia de México, encontrando-se depositado na Biblioteca do Instituto Nacional de Antropologia e História, na Cidade do México. Dentre todos os códices, este é o mais antigo, tendo sido fabricado entre os anos de 1024 e 1154 d.C.

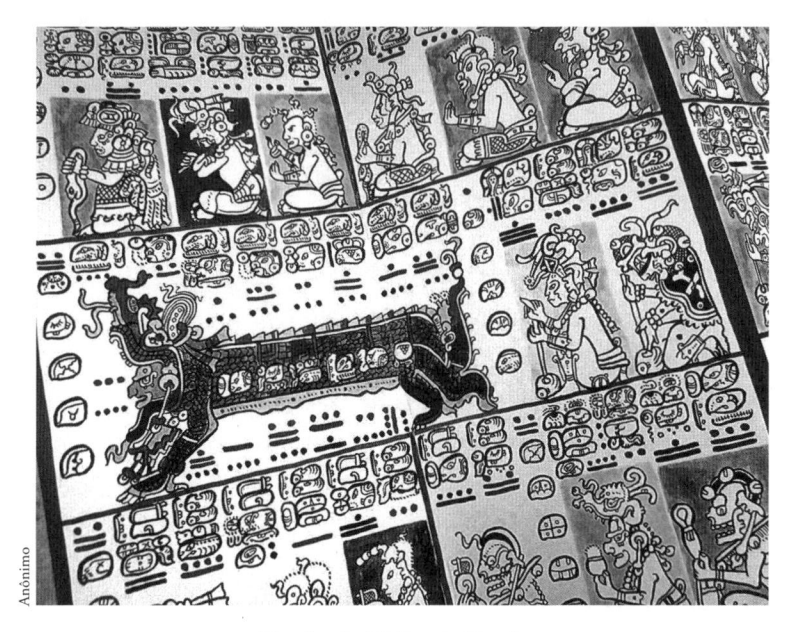

Anônimo

Detalhe do Códice de Dresden.

Esses livros, todos pertencentes ao Pós-Clássico (1050-1521), foram confeccionados por sacerdotes maias, feitos de papel mate do gênero *Fícus* ou de pele de veado, e dobrados em forma de biombo. O Códice de Dresden, o mais conhecido deles, mede 3,5 metros de largura e se apresenta como um biombo em 39 folhas, todas de 9 cm de largura e 20,4 cm de altura, pintadas dos dois lados, com exceção de quatro delas que estão em branco no verso. Sabe-se que os maias escreveram vários códices, mas, durante o processo de Conquista, os espanhóis os queimaram como forma de impulsionar a conversão dos indígenas ao cristianismo. Os códices registravam presságios e adivinhações e eram pictográficos e coloridos, com desenhos que representavam vários deuses menores cultuados no período Pós-Clássico (1050-1521 d.C.) e retratados com o corpo antropomorfo, traços físicos bem definidos e uma indumentária específica que os identifica. Estudiosos dos códices reconhecem que a principal divindade representada é Itzamná, deus da Criação, considerada a responsável por todas as formas de vida. Essa divindade aparece nos códices com vários nomes e formas: Itzamná Kauil (Colheita Abundante), Itzamná T'ul (Coelho, aspecto maligno do céu que obstaculiza as chuvas), Itzamná K'inich Ahau (Senhor com Rosto de Céu, ou seja, o Sol), Itzamná Kabul (Criador), Itzamná Cab Ain (Terra Crocodilo).

Os códices versavam sobre eventos astronômicos, como as revoluções sinódicas de Marte e Vênus, relacionados à prática de rituais religiosos. Vênus, em especial, era muito importante na cosmovisão maia, que associava esse planeta à vitória nas guerras. É provável que os maias combatessem em momentos específicos para que Vênus lhes garantisse o sucesso nos embates.

SANGUE, MORTE E SACRIFÍCIO

Os mais antigos registros da religião maia pertencem à cidade de Izapa (localizada na Guatemala), uma das principais cidades do Pré-Clássico (2000 a.C. a 300 d.C.). A iconografia de Izapa é uma complexa união entre formas naturais e simbólicas que expressam uma estruturada concepção religiosa de mundo. Nela, encontram-se conceitos que são relacionados às formas do corpo de animais específicos, como o jaguar, o crocodilo, certas aves, o peixe e a serpente. Os maias relacionavam qualidades naturais e sobrenaturais desses animais a uma explicação de mundo que liga o ser humano e a natureza, considerada essencial para a existência da vida.

Assim, um dos rituais mais importantes da religião maia era figurar um soberano ou rei ou ser sobrenatural em um cosmograma (uma representação pictográfica do mundo) vertical, como na Estela 2 de Izapa, em que um homem-pássaro parece cair de cabeça para baixo em direção a uma árvore cuja copa se abre para recebê-lo e cujas raízes formam o corpo de um crocodilo. Toda a cena está interligada por um cordão que circunda o réptil, a árvore e o ser humano alado e chega até o céu – uma visão dos três espaços fundamentais da cosmologia maia: o mundo celestial (Céu), o mundo terreno (Terra) e o Inframundo (mundo dos mortos).

De fato, o cosmograma maia adota o conceito de árvore cósmica, ou seja, um arquétipo da vida que une Céu, Terra e mundo subterrâneo: a copa da árvore está no Céu, seu tronco na Terra e suas raízes no Inframundo.

Segundo a crença, os deuses viviam tanto no Inframundo como no mundo celestial, dependendo das suas ações (se ia provocar a chuva, destinava-se ao mundo celestial; se ia propiciar a fertilidade da terra para o plantio, dirigia-se ao Inframundo). Se compararmos a religião maia com o cristianismo, que possui uma geografia sagrada fixa (Deus no Céu e o diabo no Inferno), vemos que, na crença maia, as divindades transmutavam-se com maior fluidez na geografia sagrada. O mundo terreno é o habitado pelos seres humanos e pelos animais. Embora o Inframundo fosse considerado o mundo dos mortos, porque era para lá que se acreditava que iam as almas dos falecidos, ele seria comparado, erroneamente, ao Inferno pelos padres espanhóis na época da Conquista.

Representações do cosmograma maia costumam ser encontradas em tumbas de governantes, por exemplo, no sarcófago de Pacal no Templo das Inscrições, em Palenque: na parte superior da cena retratada aparece a abóbada celestial representada pelo corpo arqueado de uma serpente bicéfala em alusão à Via Láctea; no centro da imagem, sobre a árvore cósmica, aparece um quetzal, ave sagrada maia associada à criação do mundo; e na base do dintel (acabamento da parte superior de uma porta, no caso, da porta de acesso à tumba de Pacal) encontra-se a boca aberta do monstro aquático Cipáctl, que seria senhor do Inframundo.

Na concepção religiosa de Izapa, por exemplo, a serpente ocupa um lugar preponderante. O mais frequente é que se represente apenas a cabeça do animal. Às vezes, a serpente é retratada voando ou com plumas, daí ser associada também a um dragão mítico. A figura da serpente emplumada já aparece em obras do Pré-Clássico. Por exemplo, na Estela 10 da cidade de Kaminaljuyú e na Estela 1 da cidade de Chocolá, localizadas na Guatemala, as serpentes são retratadas com cabeça de ave e plumas no corpo. Uma interpretação considera que a serpente é "o princípio de unidade do cosmos maia", mantendo esse *status* até o período da Conquista. A serpente representa o céu, a terra e a fertilidade. Quando aparece figurada como uma corda ou laço, simboliza a união entre o homem e a natureza. Nas Estelas 22 e 67 de Izapa, esculpiu-se uma figura humana sentada em uma canoa que está sobre a água que se une ao céu por meio de serpentes em formato de corda.

No período Clássico, o universo chegou a ser concebido na forma de um quincunce, ou seja, dividido em cinco partes: as quatro direções cardeais (leste, oeste, norte e sul) e o centro. Cada uma dessas direções estava associada a uma cor, a uma árvore e a uma ave bem como a certos seres sobrenaturais híbridos com atributos característicos de diversos animais, que podiam ser espíritos, heróis míticos ou deuses, os quais geralmente assumiam quatro aspectos, um para cada direção cardeal.

Outro elemento importante da religião maia antiga era a prática do sacrifício realizado com animais e seres humanos, de maneira mais recorrente nos enterramentos reais. Em uma tumba de Toniná (no sul do México), foram encontrados restos de três crianças do sexo masculino, os esqueletos de um jaguar e de um falcão e dois crânios de codornas. A decapitação era a principal maneira de sacrificar um animal.

De todo modo, os estudiosos ainda procuram compreender exatamente em quais ocasiões sacrifícios humanos eram realizados, com que frequência e em que quantidade. A iconografia das cidades leva a crer que muitos dos sacrificados eram cativos de guerra. Não se encontrou ainda evidência de que mulheres tenham sido sacrificadas. Não obstante, é certo que crianças do sexo masculino foram objetos de morte ritual, por decapitação ou pela extração do coração. Muitas escavações arqueológicas encontraram esqueletos decapitados ao lado de seus respectivos crânios. Na pintura mural de Chichén Itzá, encontra-se a imagem de um sacrificador que submete sua vítima agarrando-a pelos cabelos e degolando-a com um machado de obsidiana.

A principal forma de sacrifício, no entanto, era a cardiotecmia, que consistia na retirada do coração usando uma faca de pedra; a maioria das facas usadas nesse ritual era feita de obsidiana. Boa parte das imagens dos vasilhames policrômicos e pinturas nas paredes dos edifícios reais versam sobre essa prática. Algumas pessoas chegaram a pensar que os maias extraíam o coração por causa da importância vital do órgão, e que o objetivo central do sacrifício era ofertar o coração aos deuses no gesto de erguê-lo em direção do céu. Contudo, essa ideia, também perpetuada em filmes, não passa de uma visão equivocada sobre os maias. Eles não ofertavam o coração aos deuses. Extraíam o coração por ele ser um dos órgãos com maior concentração de sangue; o objetivo, portanto, da cardiotecmia era obter a maior quantidade possível de sangue durante a cerimônia.

Também ocorriam sacrifícios realizados por flechamento, degolação, evisceramento (retirada das vísceras, sobretudo o intestino) e até mesmo por apedrejamento.

A prática do sacrifício provém, basicamente, da crença de que o sangue é primordial para o funcionamento do universo, já que um dos elementos para a criação é justamente esse líquido vital. Dentro desse contexto, seria um dever do ser humano manter a ordem cósmica por meio do derramamento de sangue.

Outra ideia equivocada difundida sobre o sacrifício é que os indivíduos se debatiam e tentavam fugir da sorte que os esperava, ou então, que aceitavam a morte sem reagir, porque ela era um componente importante de sua cultura. Apesar de ser uma prática cultural disseminada, é muito provável que as vítimas não aceitassem ser sacrificadas de maneira tão passiva como alguns estudiosos interpretaram. Sabe-se, por meio da iconografia e de textos escritos no período Colonial, que as vítimas de sacrifício eram antes levadas a um estado de alteração da consciência por meio da ingestão de bebidas ou de alucinógenos. Desse modo, quando eram sacrificadas, já não estavam em sã consciência.

Algumas cerimônias religiosas incluíam rituais especializados de dança. Cada uma das danças executadas era identificada por um nome e uma determinada parafernália ritual. O acompanhamento sonoro consistia em cantos, sons de trombetas e conchas marinhas, e a percussão em tambores e carapaças de tartaruga. Nos rituais maias, anões desfrutavam de um *status* elevado derivado de sua associação com as covas e entradas que levavam ao Inframundo.

Transes induzidos por bebidas alucinógenas e enemas, segundo a crença maia, levavam os reis a "ingressar no mundo espiritual". Os reis também realizavam o autossacrifício, sangrando a própria língua e os órgãos genitais com espinhos, espinhas de peixe e de arraia, dentes de tubarão e navalhas de obsidiana ou jade. A prática do autossacrifício ritual, portanto, tinha os mesmos fundamentos do sacrifício humano, mas era realizada somente pelos governantes. O sangue era obtido de várias partes do corpo e gerava graus variáveis de dor. O exemplo de imagem mais emblemático encontrado referindo-se a um autossacrifício na área maia é o Dintel 24, da cidade de Yaxchilán (no sul do México), em que o rei Escudo Jaguar sustenta uma tocha para iluminar um espaço escuro tendo diante de si, ajoelhada, sua esposa, a Senhora Xoc, que perfura sua própria língua, por onde faz passar uma corda. Tal ritual foi realizado no dia 28 de outubro de 709 d.C. para celebrar o nascimento do filho do casal, o futuro rei Pássaro Jaguar. Quarenta e três anos depois, em 18 de fevereiro de 752 d.C., Pássaro Jaguar perfurará seu próprio pênis num ritual de autossacrifício para comemorar o nascimento de seu filho, Chel-Te.

Michel Wal (CC BY-SA 3.0)

Dintel 24 de Yaxchilán exibindo uma cena de autossacrifício.

Os maias acreditavam na vida após a morte. As tumbas reais eram minuciosamente elaboradas, a fim de garantir o ressurgimento do rei como deus do Milho no Inframundo, o lugar dos mortos e de transformação.

A cidade de Tikal destaca-se pela grande quantidade de tumbas reais repletas de ricas oferendas. Nela, por exemplo, fica a Sepultura 10, dedicada ao rei Yax Nuun Ayiin (Nariz Encurvado), que governou o centro urbano de 379 a 404 d.C. Na tumba, encontra-se o esqueleto de um homem de idade avançada, coberto de hematitas, deitado de costas, com a cabeça orientada para o norte (este ponto cardinal está associado ao poder). Ao seu redor, e também debaixo dele, foram colocados os restos mortais de 8 crianças do sexo masculino entre 8 e 14 anos de idade, sacrificadas especialmente para esse fim. Sobre o ancião foram postas várias conchas *Spondylus*, além de contas e orelheiras de jade. Seu penacho continha conchas. O crânio portava uma máscara enfeitada com um mosaico confeccionado por diversos materiais. Sobre sua perna direita fora depositado um espelho de pirita (mineral translúcido que reflete a imagem). Debaixo da mão direita havia uma cauda de arraia e uma conta. Na altura da pélvis, mais 8 caudas de arraias. Perto do esqueleto foram achados ainda cinco carapaças de tartaruga formando um xilofone, um crocodilo decapitado, 90 ossos de aves (principalmente corujas), 30 vasilhas de cerâmica, 13 conchas de água doce e alguns objetos de madeira. Para preencher a fossa, colocou-se uma grande quantidade de sílex (quase 10 mil fragmentos dessa rocha), distribuída em diferentes níveis.

Outra suntuosa tumba, localizada no sul do México, abriga o rei de Calakmul chamado Yich' ak K'ak', que morreu no início do século VII e foi sepultado no interior da Pirâmide II daquela cidade. O túmulo foi encontrado intacto em 1997, e até então o jazigo não havia sofrido nenhum saque. O esqueleto estava posicionado em decúbito dorsal estendido como se olhasse para o poente (direção que marcava a entrada do rei ao Inframundo). O corpo fora colocado sobre um suporte de madeira decorado com flores com quatro pétalas de cor vermelha, pequenas garras e figuras ovaladas de concha dispostas ordenadamente em forma de incrustações. O rei havia sido ataviado com uma concha pélvica, uma envoltura de algodão decorada com conchas *Spondylus* talhadas em forma de flores, um par de orelheiras e um colar de jade e pérolas. Mercúrio havia sido espalhado sobre o corpo para conservar a matéria. Entre os fêmures, foram encontrados uma esponja marinha e restos do que parece ser um coral negro. O corpo também estava coberto com uma grossa capa de cal e um delicado tecido de fibras de líber. No processo para a conservação, o corpo havia sido envolvido por tecidos de boa qualidade e confeccionados com líber previamente impregnado por uma mistura de resinas, com as quais se aderiram às diversas superposições do tecido. Enfim, o envoltório do corpo do rei foi elaborado com diversas aplicações de mercúrio, cal e folhas de palmeira que endureceram o fardo, permitindo sua posterior manipulação. Por último, aplicou-se uma capa homogênea de resina, que cobriu por completo a textura do tecido e lhe deu um acabamento liso.

Ainda sobre o corpo foram depositadas várias joias de jade e concha, além das prendas que conformavam sua impactante vestimenta. Sobre seu ombro direito, uma máscara funerária de jade sobre madeira, em cuja parte inferior se mostra uma longa sequência glífica. Ao lado do governante, como oferenda, havia um segundo grande par de orelheiras, que apresentam inscrições em seu interior. Aos pés do rei, foram colocadas nove valvas de *Spondylus*, as quais possivelmente aludem aos "nove senhores do Inframundo". Na parte ocidental da tumba, colocou-se oferenda cerâmica constituída de 14 peças, a maioria policrômica, sobre as quais se encontravam resquícios de algumas cestas, desintegradas já à época da descoberta. Na cabeça, colocou-se uma garra de jaguar, símbolo que confirmava sua qualidade de rei divino. Também, como parte da oferenda funerária, um prato policromo com uma inscrição em caligrafia elegante, na qual o nome do rei de Calakmul rodeia a cabeça do deus do Milho.

A tumba de Pacal

A tumba do rei K'inich Janaab' Pacal I, na cidade maia de Palenque, é considerada a mais suntuosa de todo o continente americano. Quando esse governante tomou o poder aos 12 anos de idade, a cidade de Palenque passava por um processo de decadência, causado pelos diversos conflitos bélicos em que esteve envolvida. Sabe-se muito pouco sobre seu reinado. Tomou por sua esposa a Senhora Tz'akb'u Ajaw no ano de 626 d.C., com quem teve filhos nos anos de 635 d.C. e 644 d.C. Pacal foi um grande guerreiro e as inscrições contam que capturou pelo menos seis reis inimigos e os fez cativos de guerra. Sua tumba foi descoberta no ano de 1952 pelo arqueólogo mexicano Alberto Ruz Lhuillier, enquanto restaurava o interior da pirâmide conhecida como Templo das Inscrições. O sarcófago, depositado no interior dessa pirâmide, a 25 metros de profundidade, pesava 20 toneladas e era decorado com uma iconografia que aclamava a ressurreição do rei após sua morte, renascendo como deus do Milho. O corpo do rei, banhado de mercúrio, estava adornado por uma grande quantidade de jade. Portava braceletes e colares de contas, tinha vários anéis de jade em cada dedo, um cubo de jade agarrado com força em uma das mãos e uma esfera, também de jade, na outra. Seu rosto estava coberto por uma máscara de mosaico de jade e em sua boca existia um ornamento de pirita pintado de vermelho. Pacal foi o mais longevo rei maia, morreu aos 80 anos de idade.

(In: DE LA GARZA, Mercedes et al. *Palenque-Lakamha': una presencia inmortal del pasado indígena*. México: Fondo de Cultura Económica, 2016, tradução minha.)

O Inframundo seria associado pelos espanhóis ao Inferno cristão, principalmente por causa das imagens dos deuses que possuíam características animalescas. Essa associação serviria como uma das justificativas para dizimar os maias.

O fato é que muitas religiões adoraram ou ainda cultuam deuses cujas características mesclam formas humanas e animais, como o hinduísmo, na Índia. No século XVI, o bispo do Iucatã, Diego de Landa, mandaria queimar em praça pública milhares de códices maias em que era recorrente a imagem de deuses metade ser humano metade animal.

Quanto ao sistema religioso em si, não há evidências de uma religião monoteísta na área maia. Os pesquisadores consideram que os maias cultuavam vários deuses e realizavam diferentes rituais para cada um deles. No entanto, durante o Clássico Terminal (800 a 1050 d.C.), parece que os maias passaram a cultuar algumas divindades de maneira especial, como nos casos de Itzamná, Chaac e Kukulcán. Esta última divindade, que aparece representada na iconografia na forma de uma serpente emplumada, adquiriu uma grande importância na cidade de Chichén Itzá, chegando a ser considerada a mais importante do panteão maia.

Desenho do autor

Serpente emplumada representada em um templo de Chichén Itzá.

A serpente emplumada é um importante símbolo religioso não somente da área maia, mas também de toda a Mesoamérica. A maioria dos povos mesoamericanos fez menção a um de seus diversos significados ou atributos. É comum, portanto, imagens de serpentes emplumadas aparecerem associadas em contextos funerários representando a viagem do morto ao

Inframundo ou sua associação com seus ancestrais. As serpentes emplumadas representadas são os ofídios do gênero *Crotalus*, ou seja, cascavéis, de várias espécies. A serpente é um símbolo poderoso religioso em diversas civilizações do mundo por vários motivos: movimentação rápida; agressividade, veneno e bote; nunca fecham os olhos, pois não têm pálpebras; são de sangue frio; possuem escamas; muitas têm dimorfismo sexual, ou seja, possuem os dois sexos e se autorreproduzem – todas características que sempre impressionaram os seres humanos. Com o passar do tempo, entre os maias, já no Clássico Terminal (800-1000 d.C.), essa divindade foi associada a outras características, como a guerra e o poder do governante. A maioria das pinturas ou esculturas que a retratam estão ligadas a cenas de entronização do rei.

Outra divindade de destaque é o deus da Chuva, chamado de Chaac. Aparece com mais frequência na região do Iucatã, a mais seca da área maia, ou seja, o deus Chaac foi mais cultuado justamente em uma região onde se verificava a escassez de água. Sua representação mais comum é como um ser híbrido que se mostra como um humano, cuja cabeça possui uma grande tromba, olhos circulares e uma bigodeira com dentes afiados. Essas trombas foram interpretadas pelos primeiros exploradores do século XIX como as de elefantes, numa associação difusionista muito comum à época em que o conhecimento científico sobre os maias estava apenas no início. Da constatação da inexistência desses mamíferos no continente americano, sabe-se hoje que se trata de uma referência às antas, um animal que vive nas águas, o domínio de Chaac. Um dos mais elaborados adornos dessa divindade foi descoberto dentro do Cenote Sagrado de Chichén Itzá, dragado no início do século XX, correspondente a um formoso enxoval de peças de ouro, com a bigodeira e os olhos circulares característicos desse deus. Chaac também foi representado nos códices, sobretudo no de Paris, o que atesta que seu culto teve longa duração.

Um importante aspecto da religião no norte da península de Iucatã durante o Clássico Terminal é o culto em grutas, covas e cavernas da região. Esses locais foram considerados espaços sagrados na religião maia: o ambiente úmido e escuro e com oxigênio escasso era tido como ideal para o curandeiro ou xamã realizar seus rituais de propiciação. Dentre elas, destaca-se a gruta de Balankanché, situada a 20 km de Chichén Itzá. Trata-se de uma cova de mais de mil metros de longitude onde foram depositadas centenas de incensários com a forma cilíndrica da cabeça do deus Chaac, de olhos grandes e bigodeira com presas, com o objetivo de fomentar a chuva.

Alguns templos tinham a forma de uma cova natural. Conhecidos como teratomorfos, ou seja, com forma de monstro, esses templos possuem acesso a seu interior através de uma entrada que representava a boca de tal monstro como metáfora da própria cova. O monstro pode ser, por exemplo, um felino, animal associado ao mundo terreno, ou seja, a própria Terra, ou um monstro draconiano, que remetia à divindade Itzamná, deus celestial do dia e da noite.

O uso do incenso e do tabaco fazia parte de uma prática religiosa importante. A fumaça que sobe em direção ao céu era vista como um meio de comunicação com as divindades celestiais. O incenso era obtido através da queima da resina do copal (*pom*, em língua maia), semelhante ao âmbar, e uma grande produção de incensários foi desenvolvida pelos ceramistas maias. O incenso também era usado nos *temazcales* (banhos de vapor utilizados para a purificar o corpo do rei). A fumaça do tabaco vertida sobre o corpo de um enfermo ou de vítimas do sacrifício também era considerada um elemento de purificação dos corpos.

Muito do que se sabe sobre a vida religiosa maia vem de informações registradas no período Colonial, com livros escritos na língua maia, mas em alfabeto latino, como o *Chilam Balam*, nas Terras Baixas do Norte, e o *Popol Vuh*, nas Terras Baixas do Sul. Apesar de sofrerem uma influência grande de conceitos religiosos cristãos, essas obras colaboram para a compreensão da sociedade maia na época colonial. Muitas das divindades mencionadas nos textos do período Clássico aparecem também descritas nesses documentos, como o deus da Chuva, Chaac.

Por exemplo, no *Popol Vuh* se relata que, antes da criação divina, a Terra era somente um mar solitário sob o Céu quieto. Existiam duas forças criadoras opostas: a que habitava o mundo aquático sob a forma de uma serpente emplumada e encarnada pelo deus Gucumatz, e a que vivia no mundo celestial, o deus Furacão, Coração do Céu (Hurakan), personificado na forma de relâmpagos. Esses dois deuses se uniram, e as forças opostas se complementaram. Fizeram então submergir das profundezas do oceano a primeira Terra, o nosso planeta, que tinha a forma de uma grande montanha. Como vimos na seção "Arranha-céus na floresta", a Primeira Montanha era o lugar mais sagrado da cosmogonia maia, o lugar da criação.

Em outra passagem, o *Popol Vuh* relata a vida dos gêmeos heróis Hunahpú e Ixbalanqué que venceram os Senhores da Morte do Inframundo no jogo de bola, uma metáfora do poder da vida sobre a morte.

COROAS DE PLUMAS

Uma cidade, ou centro urbano (na área ocupada pelos maias, esses conceitos são sinônimos), diferencia-se dos locais habitados por sociedades agrárias que vivem, basicamente, das atividades do campo. Numa cidade há especialização do trabalho e uma economia com potencial de produzir excedente, uma grande concentração de pessoas vivendo em um mesmo lugar, maior estratificação social, presença de escrita e de arte figurativa, existência de redes de estrada ou caminhos (os *sacbeoob*) que ligam "bairros" ou uma cidade a outra, prática de comércio de longa distância. No caso maia, todas essas características estão presentes, além de chamar atenção a arquitetura monumental que essa civilização desenvolveu.

Na área maia, cada cidade era controlada por um governante, que centralizava o poder e agia de forma coercitiva para controlar a sociedade e intimidar seus inimigos. Os governantes maias são denominados reis não apenas por causa do poder que detinham, mas também em razão das cenas que os retratam cercados de pessoas, lembrando as cortes reais europeias. Porém, devido aos constantes conflitos entre os diversos governantes, o território maia nunca chegou a ser unificado sob uma só autoridade, ou seja, não havia de fato um império maia. Nesse sentido, apesar do uso corrente da palavra *rei* para referir-se ao governante maia, sabe-se que ele não tinha o mesmo poder dos reis da Europa dos séculos XVI ao XVIII, soberanos de Estados monárquicos.

A ideia do modelo político mais aceita pelos estudiosos é a de que os maias formaram cidades-Estados parecidas com as gregas, ou seja, cada uma delas era autônoma, tinha seu próprio governante, alianças políticas e inimigos. Algumas dessas cidades-Estados por vezes formavam confederações, ou seja, uniam-se política e militarmente contra um inimigo em comum. Depois que a ameaça passava, tais confederações eram desfeitas. Nesse sentido, as cidades-Estados maias são consideradas pelos especialistas mais ou menos flutuantes ou instáveis, uma vez que podiam se fortalecer à medida que havia ameaças contra sua hegemonia.

Os reis maias combinavam uma autoridade política suprema com um *status* divino. Eles se diziam descendentes dos deuses, que os converteram em mediadores indispensáveis entre o mundo humano (onde viviam as pessoas, os mortais) e a esfera sobrenatural. O rei maia portava o título de *K'uhul Ajaw*, cuja tradução é "O da voz potente", ou seja, "rei divino". Os reis identificavam-se também com o jovem deus do Milho, considerado o criador de todos os povos da Mesoamérica e do alimento mais importante para eles. A morte do rei era vista como o início de uma jornada, equivalente à descida do deus do Milho ao Inframundo, cuja vitória sobre os deuses da Putrefação e das Doenças o levaria ao renascimento e à vida eterna.

O rei maia era o representante máximo do Estado e geria toda a vida social dentro de seu território, regulando-a para permitir seu efetivo funcionamento e controlando a população numerosa formada pelos dirigentes do alto escalão, como sacerdotes, guerreiros e administradores; especialistas de diferentes ramos de atividade, como ceramistas, lapidários, tecedores, artistas, pedreiros; e a grande massa de camponeses dedicada ao trabalho agrícola. O rei garantia também a construção e o funcionamento de edifícios religiosos, administrativos, palácios, os sepultamentos, além da manutenção dos bairros, a construção e as reformas das casas, a rede de abastecimento de água para toda a população.

Entre os maias, a sucessão real era marcadamente patrilinear e o governo feminino tinha lugar somente quando a continuidade dinástica não podia oferecer herdeiros do sexo masculino. A primogenitura era a regra. A infância dos jovens destinados a serem reis era assinalada por uma série de ritos de iniciação, entre os quais o sangramento dos órgãos genitais provocado aos 6 anos de idade, considerado o principal elemento de legitimidade. Os postulantes também tinham que passar por desafios, como participar de guerras e, geralmente, um ato de captura de prisioneiros antecedia a ascensão do rei, quando nomes dos cativos eram adicionados ao seu nome.

A entronização do rei era um momento muito importante, carregado de simbolismos, sobretudo aqueles retratados na indumentária do governante. Na cerimônia, o novo rei sentava-se em geral em uma almofada confeccionada com pele de jaguar ou, mais raramente, sobre uma plataforma decorada com símbolos celestes e imagens associadas a sacrifícios humanos. O ato de colocar ou amarrar o tocado na cabeça do rei era o momento culminante da cerimônia. Após a entronização, o rei se convertia numa instituição política e passava a ser considerado o centro do universo. A partir daí, a população esperava dele a capacidade de equilibrar as forças cósmicas em benefício das pessoas.

Encontramos muitas imagens de governantes retratadas nas estelas. Os textos de tais monumentos descrevem sua ascensão associada aos atos de criação que teriam dado movimento ao universo e os principais eventos históricos que ocorreram até a sua morte. A figura física do rei geralmente aparece em pé, pisando sobre um cativo atado, e pode haver também um ícone representando um lugar. A idade avançada outorgava aos reis um prestígio especial, de modo que os governantes longevos recebiam títulos nos quais constava a quantidade de anos que haviam presenciado.

Na área maia, a escrita nos proporciona um bom conhecimento das relações políticas entre as cidades, sobretudo durante o período Clássico. Por meio dela, sabemos que cada senhor detinha um território próprio e o governava. A cidade que correspondia a cada entidade política era definida por um glifo emblema, ou seja, um glifo especial ou exclusivo que identificava determinada cidade. Assim, podem-se identificar as relações políticas, como as alianças entre as cidades ou guerras entre as rivais, por meio da representação desses hieróglifos registrados na escrita dos centros urbanos.

Como foi dito, hoje em dia, discute-se como se organizavam as entidades políticas maias, sem que haja um consenso sobre o tema. Para uma corrente de estudo, as cidades maias formavam Estados regionais, em que as menores estavam submetidas à maior delas, como se esta fosse a capital. Durante o Clássico, as pequenas cidades teriam se fusionado em verdadeiros Estados antes de se dividirem novamente diante da pressão do colapso do século IX. Outra corrente propõe que a organização política maia se caracterizava por um sistema de "regimes de pares", ou seja, pequenos Estados semelhantes, pelo que suas relações oscilam entre momentos rápidos de paz e guerra, sem a existência de uma hierarquia.

Há quem defenda, mais recentemente, a ideia da existência de um sistema político mais duradouro e forte que os descritos, formado por entidades de "suprarreinos". Mais que seu caráter de Estado, ou seja, definido por território e fronteiras, um suprarreino é definido pela dinastia que o governa e suas esferas de poder, ou seja, sua relevância comercial e cerimonial e suas relações e vínculos com os Estados menores localizados em sua periferia. A expansão política, quando acontecia, não era pela aquisição de territórios, mas pela extensão das redes de domínio e influência. Assim, dinastias mais poderosas submetiam os reis rivais e os colocavam sob seu domínio. Os laços estabelecidos entre eles seriam pessoais e permaneciam vigentes ainda depois da morte de um dos dois. Mas, apesar de se alicerçarem em votos de lealdade ou uniões maritais, na prática, esses laços eram tênues, posto que baseados na ameaça militar e/ou em benefícios disponíveis para os governantes.

UM POVO PACÍFICO?

Durante muito tempo, os maias foram retratados como um povo pacífico, em que as expressões de violência se relacionavam exclusivamente ao sacrifico ritual. No entanto, pesquisas realizadas nas últimas décadas mostram novos aspectos que ajudam a entender melhor o papel da guerra e o militarismo maia ligado ao desenvolvimento social e político de suas numerosas cidades. Hoje se sabe que a guerra era praticada constantemente entre as diferentes cidades maias, com vários objetivos, desde a captura de prisioneiros para o sacrifício até a disputa por terras férteis para a produção agrícola.

A necessidade de solos férteis, que propiciavam maiores colheitas destinadas às populações crescentes e cada vez mais consumidoras de gêneros alimentícios, tem sido a principal explicação para a existência de guerras constantes na região onde viviam os maias. Além disso, dentre as principais funções do governante estava a de aumentar o prestígio e a riqueza da comunidade que representava. Assim, as guerras tinham como objetivo conquistas territoriais que pudessem enriquecer a cidade vencedora, além do recebimento de tributo pago pelos conquistados.

Ainda se discute se na área maia existiu a escravidão. Os estudiosos tendem a pensar em um tipo de escravização por dívidas ou por derrota em guerra parecido com o de Roma, e bem diferente do que ocorria no mundo atlântico do século XVI, com a escravidão negra africana.

Alguns pesquisadores apresentam, ainda, outros motivos que teriam levado às guerras constantes, por exemplo, a rivalidade por *status*. Sabemos que a sociedade maia era altamente hierarquizada. Em sociedades desse tipo, é grande a competição entre membros das elites que aspiram a títulos, cargos e privilégios.

Entre os propósitos da guerra estava, sem dúvida, a captura de vítimas para o sacrifício. Nesse sentido, a prática guerreira, ao fornecer a "matéria-prima" necessária para os rituais que garantiam a sobrevivência do ser humano no mundo, pode ser vista como um elemento fundamental da cosmovisão maia.

No entanto, há que se aclarar que uma ação militar, em qualquer sociedade, implica a imposição de uma autoridade de um grupo sobre o outro para obter benefícios concretos, como tributos, territórios ou mão de obra. É dentro desse contexto que se explicam as muitas trincheiras, sulcos artificiais e parapeitos encontrados em diversas cidades maias, como as valas de 8 km em direção sul da cidade de Tikal e a 4,5 km ao norte, em direção de sua vizinha e inimiga Uaxactún.

As fontes mais abundantes para o estudo das guerras levadas a cabo pelos maias provêm da iconografia e dos textos hieroglíficos. As imagens retratam os governantes sempre portando algum tipo de arma, como lanças, bordunas e propulsores de dardos. Em muitas delas, o governante vitorioso está subjugando um prisioneiro de guerra que geralmente é o líder derrotado de uma cidade inimiga, que será sacrificado. Os prisioneiros de guerra são facilmente identificados por aparecerem com as mãos ou braços amarrados por uma corda ou serem agarrados pelos cabelos ou pelos braços.

De fato, a humilhação dos líderes vencidos e capturados é um tema comum na iconografia relacionada com a guerra na área maia. Para um rei maia, tomado como prisioneiro em uma incursão militar ou batalha, ser humilhado publicamente era algo inescapável; muitos deles ainda eram torturados antes de serem executados por decapitação ou queimados em fogueiras em rituais de sacrifício. Os líderes que, por um motivo ou outro, eram poupados e sobreviviam regressavam a seus tronos, recuperando parte de seu poder anterior, mas agora na condição de subordinados ao vencedor, a quem passavam a dever lealdade e tributos. Talvez o mais impressionante mural com pinturas maias sobre a guerra seja o encontrado na cidade de Bonampak, no sul do México, contendo diversas cenas preservadas em torno da temática, como campanhas militares e capturas de prisioneiros posteriormente encaminhados para o sacrifício.

Anônimo

Cena de guerra retratada num mural da cidade maia de Bonampak.

Nas esculturas e nos relevos da arte maia, com frequência, os prisioneiros retratados aparecem prostrados, amarrados com cordas, ajoelhados, feridos, colocados em posturas animalescas e com os genitais expostos. Em um notável monumento do sítio de Caobas, em Chiapas, temos o exemplo de uma imagem em que um prisioneiro nu é maltratado por seu captor, um governante de Yaxchilán.

Conforme se depreende das fontes, a principal arma de ataque utilizada na região em que viviam os maias era um lança-dardos ou propulsor conhecido como *átlatl* ou *hulché*, capaz de atirar dardos com muita velocidade e atingindo alvos com alguma precisão. Também eram utilizadas lanças e navalhas bastante cortantes feitas de obsidiana, um mineral de origem vulcânica. Os guerreiros portavam um escudo e envolviam o ombro, o antebraço e o braço direitos com um protetor confeccionado em algodão.

A escrita atualmente decifrada proporciona informações importantes para a compreensão da questão guerra entre os maias. A complexa organização política do período Clássico ainda é motivo de discussão, mas já se sabe que houve rivalidades entre cidades que duraram várias gerações. Palenque (antigamente conhecida como Baakal) e Toniná (Po') foram sérias inimigas durante quase um século, assim como Yaxchilán (Pa'chan) e Piedras Negras (Yokib) e Copán e sua vizinha Quiriguá.

Para os maias, a guerra era regida por Vênus. Conhecida como Chaak Ek' ou Grande Estrela, seu movimento no céu foi registrado cuidadosamente e interpretado diversas vezes como augúrios. Nos escritos, há como que tabelas com registros da observação desse planeta em que o "efeito malévolo" de Vênus é representado por dardos que atravessam figuras humanas. Por outro lado, sinais da trajetória elíptica de Vênus vistos como favoráveis ao sucesso na guerra fizeram com que alguns combates do período Clássico fossem sincronizados com o movimento desta que era chamada a Grande Estrela, com o intuito de se aproveitar tal vantagem sobrenatural. Os maiores eventos de conquista militar, que envolviam cidades de grande porte ou "potências", ocorriam sob a designação de "Guerra Estelar". Seu hieróglifo correspondente retrata uma estrela banhando a terra com um líquido, que pode ser água ou sangue. Foi utilizado somente em referência a ações mais relevantes e decisivas, como a conquista de alguma cidade ou a queda de determinada dinastia.

A decifração da escrita maia também vem fornecendo rica informação sobre os guerreiros maias personificados na figura do rei. Hoje já se conhece os nomes de vários governantes que participaram de guerras e capturaram inimigos. Um dos que legaram mais registros foi Pássaro-Jaguar IV, mencionado anteriormente, que governou a cidade de Yaxchilán entre 752 e 768 d.C. Subiu ao trono aos 43 anos de idade e parece ter sido um dos governantes mais enérgicos do Clássico, além de ter promovido com grande ênfase, durante os seus 16 anos de reinado, a arte e a arquitetura. Segundo os escritos, ele também foi um grande guerreiro e fazia questão de se vangloriar disso nas inscrições que o chamavam, por exemplo, de "Ele, dos 20 Cativos" e "Amo de Aj Uk", dois de seus títulos militares favoritos. Esse rei foi responsável por uma importante transformação arquitetônica em Yaxchilán ao promover a construção de mais de 10 grandes edifícios, cuja imagética destaca as guerras e as conquistas militares em que o próprio se envolveu. Não se sabe como se deu o final de seu governo e sua morte. Sabe-se, no entanto, que a última data associada a Pássaro-Jaguar IV é junho de 768 d.C. – o evento, narrado no Dintel 9, mostra o rei em uma dança ritual em que troca bastões com seu cunhado, Grande Crânio.

Os Estados dos períodos Clássico Tardio e Final (600-800 d.C.) eram todos militaristas. Imersos em uma luta interminável para manter sua autonomia diante de seus ambiciosos vizinhos, os governantes maias comemoravam a guerra em seus monumentos de pedra e pinturas murais.

Hoje, não há mais dúvidas de que a guerra foi um fator social de grande importância em cidades maias da região de Petexbatún, na Guatemala, como Aguateca, Dos Pilas, Seibal e Tamarandito – todas elas cercadas por valas, muros e fossas defensivas –, que desenvolveram uma arte exclusivamente beligerante. Essas cidades formaram o que alguns estudiosos chamam de Estado Petexbatún, ou seja, uma aliança política entre os reis contra inimigos em comum. Em Aguateca, por exemplo, existe até hoje um muro de três metros de altura cercando a cidade.

Sabe-se também que, além das incursões de pequena escala a cidades vizinhas, os maias também se envolveram em conflitos regionais de grande envergadura, que podiam durar décadas e incluir a conquista e o domínio de uma cidade sobre a outra, como foi o caso da longa guerra travada entre Calakmul e Tikal.

CIDADES ABANDONADAS

É sabido que, ao redor do ano 800 d.C., muitas cidades maias das Terras Baixas do Sul começam a colapsar. A arquitetura monumental cessa, as estelas não são mais erigidas, os centros urbanos são abandonados, e se deixa de escrever. Mas por que entraram em declínio no início do século IX?

Embora os primeiros estudiosos nunca tivessem chegado a um consenso, a maioria das hipóteses repousava sob o prisma do desastre ambiental, como terremotos, furacões, alterações climáticas, secas, doenças, pragas agrícolas e esgotamento do solo. Essas hipóteses prevaleceram até o início da década de 1970, quando pesquisadores das diversas áreas do conhecimento se reuniram e propuseram que esse fenômeno de decadência se deu por um conjunto de fatores.

No final do século VIII, a sociedade Clássica maia sofria com pressões internas e externas muito fortes. A população havia crescido significativamente e a estratificação social intensificara-se. A elite tornara-se mais rica, poderosa e mais numerosa, tendo expandido a burocracia. Por outro lado, o espaço para a acomodação da população começou a decair, como pode ser percebido na diminuição de acesso aos locais públicos e/ou sagrados. O sistema de agricultura não mais conseguia suprir alimentos a toda sociedade. Estudos realizados por antropólogos físicos em esqueletos do século IX indicam alto nível de desnutrição, além do aumento do número de doenças durante o mesmo período.

Como consequência da escassez de alimentos, a competição entre os centros urbanos teria aumentado e as cidades passaram a intensificar os ataques militares entre si, no intuito de se apossar das terras alheias. Os problemas de administração política tornaram-se um grande desafio para a elite encarregada de organizar a proteção da cidade contra um número cada vez mais elevado de ataques.

Assim, ao mesmo tempo que as pressões internas se intensificaram, pressões externas tornaram-se eminentes, principalmente ao longo das fronteiras ocidentais das Terras Baixas do Sul. Os centros urbanos maias da costa do golfo do México provavelmente atacaram estas fronteiras rompendo as rotas comerciais, realizando incursões militares que conquistaram, por exemplo, as cidades de Seibal e Altar de Sacrifícios.

Os abusos ambientais provocados pelos maias do Clássico também foram em parte responsáveis pelo colapso, já que o sistema de agricultura de coivara empregado teria levado a uma degradação severa do solo. Coivara é um tipo de agricultura extensiva em que se corta e queima a vegetação de um determinado lugar para depois realizar o plantio. É um cultivo agressivo que destrói os minerais do solo e este precisa repousar muito tempo antes que seja realizado nele um novo plantio depois. A degradação do meio ambiente é uma das razões pelas quais as Terras Baixas do Sul não se recuperaram após o declínio. Estudos ambientais e paleobotânicos têm indicado uma intensa erosão na época do colapso ligada a um grande desmatamento, além de secas prolongadas. Com efeito, o meio ambiente das Terras Baixas do Sul não pôde suportar uma civilização tão complexa quanto a da sociedade maia do século VIII.

Para ajudar a entender esses processos de decadência e abandono das cidades na área maia, hoje em dia, os pesquisadores contam com um avanço tecnológico: a utilização do Lidar, ferramenta ótica já mencionada, que emprega laser pulsado para identificar objetos à grande distância ou localizados em regiões de difícil acesso, além de reconhecer os detalhes do relevo (natural ou artificial) por baixo da vegetação, como é o caso das cidades maias encontradas. Utilizado inicialmente em grandes projetos de engenharia, sismologia e geodésia, o Lidar passou a beneficiar também a Arqueologia. Através dele descobriu-se que a maior cidade maia, Tikal, era ainda maior do que se supunha. A ferramenta revelou mais caminhos (*sacbeoob*) e estruturas até então desconhecidas dos arqueólogos. Diversas cidades estão sendo descobertas com o Lidar, como Aguada Fênix, no atual estado mexicano de Tabasco, em que se encontrou um assentamento maia do Pré-Clássico (2000 a.C. a 300 d.C.) de grandes proporções. Acredita-se que centenas de outras cidades maias ainda poderão ser descobertas.

Com relação às Terras Baixas do Norte, novas pesquisas resolveram questões intrigantes, como: os centros urbanos das Terras Baixas do Norte foram construídos depois ou durante o colapso das Terras Baixas do Sul? Agora sabemos que a ascensão das cidades da região Puuc, na península do Iucatá (México), como Uxmal, Kabah, Sayil, Labná; a florescência de Chichén Itzá e o desenvolvimento da costa leste da península do Iucatá, tudo isso ocorreu na mesma época do colapso das Terras Baixas do Sul, portanto fica claro que as cidades dessa região não foram erigidas por povos que migraram do Sul onde o colapso estava em andamento.

Após o colapso das Terras Baixas do Sul, a península do Iucatá ganhou destaque na cultura maia. Agora, as principais cidades maias estavam concentradas nas Terras Baixas do Norte, e não nas do Sul.

No entanto, não foram todas as cidades das Terras Baixas do Sul que sucumbiram ao colapso. Alguns centros urbanos, como Lamanai e Nohmul, localizados em Belize, continuaram densamente povoados ao longo do século IX. Tudo indica que as cidades do Sul que não sofreram o processo de declínio são exatamente aquelas localizadas próximas às zonas de rotas de comércio, perto das nascentes dos rios ou em áreas onde se plantavam cacau e algodão, considerados produtos valiosos.

MUDANDO A ROTA

A cidade de Chichén Itzá foi o grande destaque entre as que floresceram nas Terras Baixas do Norte. Foi um centro religioso de importância difundida em toda Mesoamérica, sendo que até mesmo após seu declínio, no século XIII, permaneceu como um dos principais centros de peregrinação no mundo maia. Peregrinos visitavam a cidade até mesmo no século XVI, principalmente para assistir aos rituais que ocorriam no Cenote Sagrado, conhecido pelos espanhóis como Poço dos Sacrifícios, onde haviam sido sacrificadas pessoas em homenagem ao deus da Chuva. Pode ser que o Cenote Sagrado também fosse considerado uma entrada para o Inframundo, o mundo subterrâneo onde viviam os deuses. O famoso cenote – um depósito natural de água modificado pelo ser humano – foi dragado no início do século XX; dele foram retiradas centenas de fragmentos de ossos humanos e de animais e um volumoso e rico conjunto de artefatos que evidencia como eram realizados os rituais maias, entre eles vasilhames de cerâmica com restos de resina de copal queimada em cerimônias religiosas, objetos de metais e até mesmo armas e vestígios de roupas e de sandálias.

Dronepicr (CC BY 3.0)

Vista aérea atual da cidade maia de Chichén Itzá, na península do Iucatã, no México.

Chichén Itzá chegou a ser o centro de um Estado poderoso que controlou quase toda porção central das Terras Baixas do Norte e detinha a distribuição de sal na área maia. A cidade teve um porto localizado na Ilha Cerritos, onde chegavam mercadorias de lugares longínquos, como os atuais Estados Unidos, as Terras Altas do México e a Costa Rica. A inovação tecnológica maia incluiu um quebra-mar, que servia para acalmar as águas para as embarcações atracarem na Ilha Cerritos e que pode ser visto ainda hoje. Em 2005, participei das escavações arqueológicas desse sítio, e tive a felicidade de encontrar um depósito de oferendas dentro do qual estava um excepcional vasilhame com a representação de Ek Chuah, o deus maia do comércio, reforçando, desse modo, a hipótese de que a Ilha Cerritos era um porto comercial que abrangia longas distâncias.

Chichén Itzá alcançou seu auge no ano 850 d.C. Nessa época, a cidade abrigava dois conjuntos de edifícios. Um mais ao sul, conhecido hoje como Complexo das Freiras, possui edifícios do típico "estilo maia", principalmente palácios com frisos figurando o deus da Chuva, Chaac. Nele também se encontra o chamado Caracol, um observatório astronômico.

No setor norte, o espaço chamado Grande Nivelação é o que possui as maiores construções arquitetônicas, como o Templo dos Guerreiros, um impressionante conjunto de edifícios formado por centenas de colunas que sustentavam um teto de material perecível, e a Pirâmide (ou Castelo) de Kukulcán. Essa pirâmide radial (ou seja, que possui 4 lados) era também um calendário. Cada uma de suas paredes possui 91 degraus, totalizando 364 degraus, que, somados ao paramento superior comum aos 4 lados, resulta em 365, o número de dias do ano. Na base da escalinata norte, arrematando os degraus, existem duas grandes cabeças de serpentes emplumadas. Durante os equinócios de primavera e outono (que correspondem aos meses de março e setembro no hemisfério norte), a sombra do sol projeta-se sobre o templo, de modo que os seus ângulos formam o corpo de uma serpente que se junta às tais cabeças localizadas na base do edifício, como se Kukulcán ou a serpente emplumada descesse do céu. É provável que esse fenômeno astronômico e epifânico tivesse sido observado pela população sob o comando do governante, cujo intuito era reafirmar perante o público sua ascendência divina.

Ainda na Grande Nivelação, a presença de uma imagética associada às cidades do centro do México, em especial Tula, como águias devorando corações humanos, o Tzompantli (plataforma dos crânios), onde eram inseridas cabeças de prisioneiros de guerra sacrificados, e ainda a presença de atlantes, pequenas colunas sustentadas por personagens que têm seus braços elevados, fizeram com que muitos pesquisadores atribuíssem a construção de Chichén Itzá aos toltecas, moradores de Tula, a 1.200 km de distância. Chichén Itzá seria, desse modo, um enclave de povos do México central na área maia. No entanto, esses mesmos elementos considerados toltecas foram encontrados em outras cidades maias. Além disso, a constatação de que Chichén Itzá foi construída antes de Tula (1100 d.C.) fez com que os estudiosos abandonassem a ideia de aculturação centro-mexicana, considerando, agora, Chichén Itzá "uma cidade tipicamente maia".

Outra cidade importante das Terras Baixas do Norte foi Uxmal. Essa cidade controlou o comércio de sal na costa oeste do Mar Caribe, o que deu grande prestígio ao centro urbano. Como consequência, seus governantes fizeram um grande investimento na arquitetura da cidade, considerada pelos arqueólogos a mais refinada de toda a região. Nela há um conjunto harmônico de elementos geométricos, como as gelosias, que impediam que os observadores que estavam na parte externa dos edifícios visualizassem o que acontecia em seu interior, mas que permitiam a quem estivesse dentro do recinto ver tudo o que se passava fora. Em Uxmal está a Pirâmide do Mágico, a única com base elíptica de toda a área maia.

MAIS PRÓXIMOS DO MAR

A decadência de Chichén Itzá marca o fim do período Clássico Terminal (800-1000 d.C.) e o início do Pós-Clássico (1050-1521 d.C.), período marcado por guerras e conflitos, geralmente identificado com o destaque de duas cidades fortificadas na península do Iucatá: Mayapán e Tulum. Esta última estava estrategicamente situada sobre um penhasco, protegida pelo mar de um lado e por fortificações do outro. Mayapán, por sua vez, teve seu auge em 1200 d.C., após o fim da hegemonia de Chichén Itzá. Sua urbanística tem grande semelhança com a antiga capital iucateca, embora numa versão menos elaborada: os arquitetos do Pós-Clássico não prezavam mais pelo esmero de outrora. Mayapán chegou a ocupar 4 km² com uma população de aproximadamente 12 mil pessoas.

Ainda durante o Pós-Clássico, diversas ilhas da costa oriental do Iucatá tiveram um papel fundamental na história maia, sobretudo por serem centros comerciais proeminentes. A ilha de Cozumel abrigou várias cidades, contudo sua arquitetura e planejamento urbano não alcançaram o mesmo grau de complexidade dos centros urbanos maias do período Clássico. Trabalhos de arqueologia efetuados na cidade de San Gervasio, por exemplo, indicam a existência de áreas com funções especializadas, como armazéns e estradas que se comunicavam com outras cidades. Essa cidade abrigava ainda um dos principais templos dedicados à deusa lunar Ix Chel, que atraía uma grande quantidade de peregrinos da ilha de Cozumel e do continente. A ilha teria participado, inclusive, de um complexo sistema de comércio à longa distância.

ARTISTAS DA FLORESTA

O sentido contemplativo que damos à arte não existiu entre os maias. Toda a produção artística fazia parte de seu mundo cotidiano. Nesse sentido, os maias produziram um repertório artístico que, além da arquitetura, inclui vasilhas policrômicas, murais ou afrescos, roupas de algodão, danças, músicas, máscaras de jade e esculturas diversas confeccionadas em pedra, osso, madeira e cerâmica.

A escultura maia é marcada pela construção de monólitos de pedra, as chamadas estelas, que retratavam, como vimos, os governantes e seus antepassados, além do registro escrito de suas façanhas, com o objetivo de demonstrar o poder do governante e fazer com que fosse venerado e obedecido pela população, mesmo após sua morte terrena. Na Estela 32 de Tikal, por exemplo, o rei Céu Tempestuoso é representado portando uma impressionante parafernália ritual, testemunho de seu alto *status*, como uma imagem do deus jaguar do mundo subterrâneo em seu cotovelo e um elaborado tocado na cabeça do soberano.

Entre as esculturas menores ou portáteis, destacam-se estatuetas de pedra ou cerâmica em estilo naturalista representando as pessoas em seu cotidiano. As de cerâmica são pintadas de diversas cores e retratam tanto os reis, suas esposas e sua família, quanto pessoas comuns em cenas do dia a dia, como mulheres grávidas, gente produzindo alimentos, combatentes em guerra. Na cidade maia de Palenque, foi encontrada uma escultura confeccionada em cerâmica representando um sacerdote com as pernas cruzadas, sobre as quais há um livro sendo escrito por ele com um pincel na mão direita.

A pintura maia foi destaque nos vasos de cerâmica que fazem referência à realeza. Pintados de vermelho e preto sobre um fundo branco, os desenhos versavam sobre a vida cotidiana de governantes e sacerdotes com cenas de matrimônio, guerra e entronização dos reis. Neles, podemos observar, por exemplo, um pouco do luxo de que a elite maia usufruía, como vestidos longos de algodão (*huipil*) finamente bordados (roupas semelhantes a essas são ainda hoje usadas por mulheres maias na Guatemala).

Anônimo

Rei maia representado em um prato de cerâmica policromada.
Note-se que o rei está com um elaborado penacho e sentado de pernas cruzadas sobre o trono.

Os penachos ou toucados que adornavam os governantes variavam bastante em aparência. Eram feitos em tecidos e arrematados por plumas de aves, em geral do quetzal, ave considerada sagrada (hoje ameaçada de extinção).

Chama a atenção, também, a arte lapidária empregada na confecção de colares e braceletes em pedras preciosas, sobretudo o jade, e de máscaras funerárias, de fato, a maior expressão dessa arte. Em geral, essas máscaras representam o rosto do governante e teriam literalmente a função de imortalizá-lo.

Ossos humanos e de animais também foram utilizados na arte maia. Um tema recorrente na arte óssea era a representação de seres humanos e animais conduzidos por remeiros dentro de uma canoa, uma alusão à viagem póstuma do rei pelas águas do mundo subterrâneo.

Utilizando a pedra sílex, artesãos confeccionaram os "excêntricos", nome dado aos cetros dos governantes maias. Um exemplar que se encontra no Museu de Arte de Dallas, nos Estados Unidos, por exemplo, é decorado com a figura de um monstro terrestre crocodiliano com figuras humanas em seu dorso, uma alusão, também, ao transporte do governante para o mundo subterrâneo, o Inframundo ou Xibalba, local da morada da alma dos mortos.

Conchas, também associadas ao mundo aquático, foram esculpidas com cenas que retratam o governante sendo transportado para o Inframundo. Esse tipo de arte foi encontrado, sobretudo, nas pesquisas feitas em cidades maias próximas ao mar, como a da Ilha de Jaina.

Os murais maias – rica expressão artística – localizavam-se principalmente nos palácios onde viviam os reis. Grande parte do que se sabe sobre a elite maia vem da interpretação desses murais. Os considerados mais interessantes pelos arqueólogos encontram-se na hoje San Bartolo, na Guatemala, com suas cenas de rituais, e em Bonampak, no México, com imagens de guerra em cores vivas, como o chamado "azul maia" (azul índigo). A variedade de cores acentua o realismo da arte maia em que os detalhes são importantes como a representação das mãos amarradas dos prisioneiros de guerra que respingam gotas de sangue pintadas de vermelho vivo.

A iconografia dos vasos de cerâmica em "estilo códice" (assim chamada por se parecer com as pinturas feitas nos códices) trata da vida palaciana e dos rituais de que governantes, sacerdotes e nobres costumavam participar. Um dos temas mais frequentes são as festas da realeza – retratadas com uma paleta variada de cores –, com cenas de dança, consumo de bebidas alcoólicas e a presença de deuses participando dos "bacanais maias", de que fazem parte os reis, os nobres e suas consortes, além de personagens considerados sagrados, como anões e pessoas com algum tipo de deformação física, e figuras que parecem ser palhaços e bobos da corte. A quantidade de cenas de dança revela um gosto especial por esta atividade. A noção de movimento é dada pela gesticulação dos braços e das pernas; os dançarinos não apoiam os dois pés no chão, sendo que um deles sempre está levantado; braços, tapa-rabos e penachos parecem balançar com o dinamismo da ação. Uma das cenas mais icônicas é a dança de um rei que esgrime uma serpente-raio simbolizando o ato de provocar a chuva, que pode ser vista hoje no edifício chamado Casa D, na cidade maia de Palenque. As danças eram acompanhadas pelo consumo de bebidas fermentadas e alucinógenas, e podiam ocorrer ainda nos rituais de sacrifício humano. Igualmente importante era o acompanhamento musical; várias cenas mostram instrumentos musicais utilizados pelos maias, sobretudo de percussão, mas também de sopro, como caracóis marinhos, trompetes e flautas. A música também era tocada nas incursões guerreiras (por exemplo, tambores anunciavam os combates), para amedrontar os inimigos, em cerimônias fúnebres e em rituais de sacrifício. Na arte funerária maia, existem desenhos de personagens exóticos, portando roupas diferentes dos demais, que carregam instrumentos musicais, como tambores, flautas e outros instrumentos de sopro confeccionados em osso e concha.

Cena de personagem dançando. Pintura em cerâmica maia.

Além de procurar um certo realismo, a arte maia busca a harmonia. Em Bonampak, na Sala 1, há uma cena que representa uma procissão de corte, cujos personagens se dirigem ao centro da imagem onde está o rei. Na parte esquerda, vários músicos conferem dinâmica ao desenho: alguns como que agitam seus chocalhos, um deles parece tocar um tambor vertical, outros emitem sons com uma carapaça de tartaruga ou com um chifre de veado, dois músicos tocam trompete. Todos os músicos vão escoltados por carregadores de guarda-chuvas para protegê-los do sol, indicando o *status* que detinham.

A SEXUALIDADE

Os colonizadores, marcados pelo cristianismo, manipularam as informações sobre as práticas sexuais maias e comprometeram as primeiras pesquisas. Porém, alguns estudos sobre a epigrafia (ou seja, a leitura da escrita em templos e livros pré-coloniais) fornecem pistas mais apropriadas sobre a sexualidade entre os maias, os participantes dos atos sexuais, os lugares onde eram realizados, bem como sua frequência.

A arte maia pouco expressou o ato sexual explícito, tampouco a masturbação. Suas representações do sexo são mais discretas, como imagens em que uma mulher aparece inclinada para trás enquanto um homem toca seus seios, ou outras em que uma mulher é retratada com os joelhos ligeiramente afastados – desenhos sobre o tema mais comuns nas pinturas dos edifícios.

A mesma discrição não ocorria quando se tratava de cenas figurando cativos de guerra, homens com os genitais expostos em destaque – a representação de pênis disformes, gigantes, parece ser uma forma de humilhar os inimigos. Os genitais dos reis somente aparecem nas representações de autossacrifício, em que o governante perfura o próprio prepúcio, o meato urinário ou a própria glande com espinhos de agave. Já nos desenhos de mulheres com temática sexual, os artistas preferiram evidenciar mais os seios que a vagina. As anciãs costumam aparecer com os seios pendurados na cintura, uma alusão a sua idade mais avançada.

Cenas homoeróticas de festas pintadas nos vasos policrômicos maias indicam grandes comemorações em que ocorrem relações sexuais entre os deuses mais velhos e os jovens em meio ao que parece ser uma orgia, com bebidas alcoólicas consumidas em larga escala, inclusive através de enemas (introdução de solução via retal). Intimidades heterossexuais entre deuses e humanos também são representadas na escultura e na pintura maia, por exemplo, em duas estatuetas encontradas na Ilha de Jaina, em que um deus ancião seduz uma deusa jovem: enquanto ela faz carinho em seu rosto, o deus toca a vagina da moça de forma discreta e aparentemente consensual.

Contudo, essas representações não são padronizadas. Por exemplo, ao passo que em cidades do coração da área maia, como Tikal e Calakmul, quase nunca se veem imagens de nobres ou reis despidos, nas cidades do norte, sobretudo no Iucatã, é muito comum ver esculturas monumentais de pênis eretos encontradas nas áreas residenciais da elite maia. Na cidade de Uxmal, há desenhos de chuva em que as gotas caem em forma de falo, numa clara associação entre o sêmen e a chuva fertilizadora. Na cova de Naj Tunich, na Guatemala, uma cena retrata dois homens abraçados, um mais velho e outro mais jovem, com seus pênis se tocando de frente.

Artefatos de madeira e cerâmica figurando pênis são interpretados pelos arqueólogos como indícios de que pessoas faziam uso de objetos de prazer. Algumas cenas do período Clássico (300-900 d.C.) trazem ainda mulheres sendo seduzidas e praticando atos sexuais com animais, como o macaco-aranha e alguns tipos de inseto.

VESTIMENTAS

Para saber como os maias se vestiam, as melhores fontes são as pinturas dos templos do período Clássico, além de documentos produzidos no século XVI.

A peça principal de roupa utilizada pelos homens comuns era o tapa-rabo, chamado de *ex* na língua maia. Era feito de algodão e em tamanho suficiente para ser enrolado várias vezes na cintura e depois passado entre as pernas. Os homens podiam usar também uma manta quadrada de algodão nos ombros, que servia de cobertor para dormir. Era frequente que usassem sandálias chamadas *huarache*, feitas de couro de veado e amarradas com cordas de agave.

As mulheres comuns e da elite usavam um vestido de algodão branco e solto chamado *huipil*, com o mesmo comprimento lateral e vertical, e com mangas curtas (o *huipil* é até hoje a principal vestimenta das indígenas na Guatemala). As aberturas dos braços, pescoço e a barra, na parte inferior da roupa, eram arrematadas por bordados em "ponto cruz". Essa peça de roupa tinha um significado identitário importante, já que cada comunidade tinha seu desenho característico. Debaixo do *huipil* era usado um saiote branco. As mulheres maias também usavam *huarache* (hoje preferem sapatilhas de estilo europeu). Outro destaque da vestimenta feminina eram as prendas de cabelo, em sua maioria formadas por fitas coloridas e enfeites de flores, também valorizadas pelas indígenas maias de hoje.

Os governantes maias do Clássico usavam as mesmas roupas dos homens comuns, com a diferença de que eram muito mais elaboradas.

Por exemplo, em seus tapa-rabos era comum prender peças de jade ou então de imagens de divindades. No entanto, diferentemente dos homens comuns, portavam colares e peitorais de jade, além de joelheiras e de pulseiras feitas da mesma pedra. Como vimos, o elemento da vestimenta mais importante dos reis era o penacho ou toucado: confeccionados de plumas de quetzal, decorados com peles de animais, como serpentes e aves, mas, sobretudo, o jaguar, animal mais importante associado ao poder real. Os reis enfeitavam-se também com adornos para o nariz (narigueira), boca e orelhas (brincos) feitos de jade, obsidiana e, no Pós-Clássico (900 a 1521 d.C.), de ouro e cobre importados de outras regiões da Mesoamérica, como a Mixteca e até mesmo vindos por rotas de interação comercial que chegavam até a América do Sul, sobretudo a atual Colômbia.

INFÂNCIA, PUBERDADE, VIDA E MORTE

Ao nascer, toda criança era levada a um sacerdote que realizava uma "cerimônia de adivinhação" para saber o nome do infante. Geralmente, a criança recebia quatro nomes: o nome dado, os sobrenomes do pai e da mãe e um apelido. Os pais costumavam tratar os filhos com indulgência (até hoje um hábito entre os indígenas maias). Os filhos eram muito desejados, e as mulheres grávidas costumavam colocar debaixo de suas camas uma imagem da deusa lunar e do Parto, Ix Chel, com o objetivo de propiciação divina.

As crianças que seriam destinadas à realeza eram submetidas à prática da deformação craniana: tabuinhas de madeira eram colocadas tanto em sua testa quanto na nunca, provocando uma forma plana da cabeça, parte do ideal de beleza entre a classe alta. Outro signo de distinção era a vesguice; as mães procuravam provocá-la na criança prendendo bolinhas de resina nos cabelos do bebê que as mirava com persistência causando o efeito desejado. Desde cedo, essas crianças da elite tinham nariz, boca e orelhas perfurados para receber ornamentos pendurados. Filhos de ambos os sexos de todos os grupos sociais estavam sujeitos aos cuidados da mãe até os 4 anos de idade. Os meninos, ao cumprir os 5 anos, passavam a ser educados pelo pai; já as meninas continuavam sob os cuidados maternos. O ritual de puberdade era realizado uma vez ao ano e incluía tanto os meninos como as meninas. Um pátio era limpo e se estendia sobre ele folhas frescas. Os sacerdotes (ou xamás) se punham então a executar cerimônias para expulsar os maus espíritos dos púberes. Depois, em silêncio, ungiam os jovens com água que recebiam sopros de fumaça dos cachimbos fumados por esses xamás. Por fim, cada jovem recebia sementes de cacau como presente. Após o ritual, o jovem já estava apto para o matrimônio. A monogamia era a regra, mas na classe mais abastada se praticava também a poligamia.

Quando alguém adoecia, recebia a visita do xamá, que tentava curar o enfermo com o uso de ervas. Se a pessoa morresse da doença era envolvida por uma mortalha de algodão e tinha a boca preenchida com milho e, no caso da realeza, com algumas peças de jade. Como acompanhamento mortuário, eram comuns estatuetas de cerâmica e objetos que indicavam o ofício do defunto.

A VIOLÊNCIA DA CONQUISTA ESPANHOLA

Com a invasão espanhola no México a partir de 1521, a tradição maia milenar seria praticamente exterminada. Foram quase 200 anos de violência espanhola até o último baluarte maia ser destruído. Em meados do século XVI, boa parte da área maia já estava ocupada pelos espanhóis, mas ainda demoraria 150 anos para que os poderosos itzás da região do Petén fossem finalmente submetidos por Martín de Ursúa.

Em 1521, chega ao fim o período Pós-Clássico na Mesoamérica. No entanto, a resistência maia aos espanhóis foi grande. As Terras Baixas do Sul seriam conquistadas pelos espanhóis no ano de 1527, enquanto as da península do Iucatá, somente em 1546. No coração do Petén, nas regiões mais isoladas, maias resistiram até o ano de 1697. Tayasal, em uma ilha do lago Petén Itzá, a última cidade maia a se render, possuía 60 mil habitantes. Em 1707, apenas 10 anos depois da Conquista espanhola, 90% da população indígena havia morrido em decorrência de doenças trazidas pelos europeus, como a varíola e o sarampo, para as quais os maias não tinham imunidade.

Para terminar, é importante destacar que os maias ainda existem, embora sem a pujança de outros tempos, é claro. Buscam a preservação de seus territórios e de sua cultura, e reivindicam políticas públicas governamentais que os favoreçam. Embora as comunidades maias já não sejam mais as mesmas, vários traços culturais ancestrais persistem e são testemunhos não apenas de um passado notável, mas também da grande riqueza de sua diversidade social. Até hoje suas diversas línguas são faladas, os xamãs continuam sua atividade e as mulheres maias usam belos e coloridos *huipiles* no México, Guatemala e Honduras.

Por se tratar de tema palpitante, é oportuno acrescentar que está sendo inaugurado o ambicioso projeto do governo mexicano do trem turístico que percorre 1.500 km e passa pelos sítios arqueológicos de Palenque, Calakmul, Chichén Itzá e Tulum, impactando os estados de Tabasco, Chiapas, Campeche e Quintana Roo. O empreendimento, que contou com recursos públicos e privados, destruiu uma parte da selva mexicana, além da flora e fauna, e alterou a vida das comunidades indígenas e das pequenas cidades pelos caminhos por onde passa. Desse modo, estão ameaçados territórios indígenas que sempre foram utilizados como locais de manejo florestal sustentável, além de produzir mel orgânico e goma de mascar. Ademais, o chamado "Trem Maia" não reverte recursos financeiros aos próprios maias, atuais moradores da região e que já sofrem com o impacto turístico. "Já temos uma 'Riviera Maia' da qual não tiramos nenhum proveito. Para que, agora, o 'Trem Maia' se não vamos conseguir entrar nele também?" – assim contestam as comunidades indígenas que veem impactos em seu hábitat sem contrapartidas que as favoreçam.

A civilização Asteca

VISÃO ALÉM DO ALCANCE, A FONTE DO PODER

O ano é o de 1350 d.C. e o Velho Mundo vivia uma hecatombe. A Europa estava sendo devastada pela Peste Negra, doença provocada pela pulga do rato e associada à falta de higiene. Um terço do continente europeu colapsaria diante dessa pandemia que matou 200 milhões de pessoas. Politicamente, o continente encontrava-se bastante fragilizado diante da Guerra dos Cem Anos entre a França e a Inglaterra. As coisas também não iam bem na Ásia Central, onde o último dos grandes conquistadores nômades tentava reviver o Império Mongol de Gengis Khan através de campanhas militares que chegaram a matar quase 20 milhões de pessoas.

Já o continente americano estava prestes a engendrar um dos maiores impérios já criados, o Império Asteca (ou Mexica). É sobre essa civilização mesoamericana que dispomos de maior quantidade de documentação escrita, já que os espanhóis puderam contemplá-la em seu auge. Obras produzidas por religiosos cristãos, como Bernardino de Sahagún e Bernal Díaz de Castillo, trazem uma grande quantidade de informações sobre os costumes e a vida cotidiana dos astecas como nenhuma outra civilização da Mesoamérica. Indígenas convertidos ao cristianismo também contribuíram para os registros sobre sua própria cultura.

Segundo algumas fontes, o povo asteca teria migrado em direção ao sul a partir de uma ilha chamada Aztlán (daí o nome asteca), situada em uma lagoa que ficava ao norte do México ou até mesmo nos atuais Estados Unidos. No entanto, para muitos historiadores, Aztlán não passa de um mito, arquétipo ou representação simbólica do local de origem desse povo.

O que chamamos de *asteca*, na verdade, é um grande número de povos que falavam a língua náhuatl (ainda viva) e que compartilhavam traços culturais semelhantes, como o cultivo de milho e o culto a deuses, e eram unidos por laços de parentesco, como os chichimecas. A documentação escrita evidencia que os astecas chamavam a si mesmos de "mexicas", ou o "povo de Mexi", palavra que hoje dá nome ao país onde habitaram, o México.

Essa migração em direção ao sul teria sido conduzida por um líder sacerdotal, que possivelmente existiu, conhecido como Huitzilopochtli. Ao chegarem ao vale de Texcoco, os grupos de astecas encontraram uma região fértil e cercada de água chamada de Chapultepec, onde se fixaram. (Atualmente, nesse local funciona um parque de recreação frequentado pelos mexicanos.) No entanto, a região já era densamente ocupada por diversos outros povos que haviam criado poderosas cidades-Estados, como Azcapotzalco e Xochimilco. Nos primeiros anos do século XIV, os astecas começaram a construir moradias e sistemas de defesa, e o poder começou a ser centralizado nas mãos de um governo incipiente. Esse rápido crescimento dos astecas preocupou os governantes locais, que se uniram e expulsaram os novatos da região. Os astecas acabaram empurrados para uma parte mais pantanosa e desocupada do lago Texcoco e sobre uma ilha começaram a edificar uma cidade.

Segundo as crenças astecas, o local teria sido escolhido porque o grande líder-sacerdote Quauhcóatl (Serpente-Águia) teria tido uma visão – de uma águia predando uma serpente e pousando em cima de um cacto – interpretada como um sinal de que ali era o lugar em que deveriam se estabelecer. Pouco depois, esse líder teria morrido, passando a ser tomado pelos astecas como o deus protetor do povo asteca; Huitzilopochtli é a única divindade não compartilhada pelos demais povos da Mesoamérica, sendo exclusiva dos astecas.

Essa visão teria ocorrido no ano de 1325 ou 2 Calli do calendário asteca. Na ilha escolhida foi fundada aquela que se tornaria uma das maiores cidades do mundo à época, Tenochtitlán, que chegou a ter cerca de 500 mil habitantes. Historiadores concordam que essa narrativa foi utilizada pelos astecas como um poderoso mecanismo de legitimação da criação de sua esplendorosa capital após terem sido humilhados e deslocados para a região mais inóspita do lago Texcoco (hoje, Tenochtitlán jaz debaixo da atual Cidade do México).

A UNIÃO FAZ A FORÇA

O início da construção da cidade não foi fácil, uma vez que os astecas tinham que lidar com um solo instável e pantanoso. Nessa época, ainda estavam submetidos ao rei de Azcapotzalco, a quem pagavam tributos. Para complicar a situação, conflitos internos dividiram o grupo original, e uma parte dos astecas foi para outra ilha, onde construíram suas moradias num local chamado Tlatelolco e estabeleceram laços mais próximos com Azcapotzalco, passando a ter mais privilégios do que os que ficaram.

Tenochtitlán foi dividida em quatro grandes áreas ou grandes bairros. Essas áreas, por sua vez, compunham pequenos bairros (*calpulli*), de acordo com os elos de parentesco das pessoas que lá habitavam. Em cada *calpulli*, as pessoas estavam conectadas por laços familiares ou clânicos (que cultuavam ancestrais comuns), sob o comando de um líder. Porém, aos poucos, a cidade foi se tornando maior e mais complexa. O primeiro rei a comandar todos os líderes locais, Acamapichtli, foi reconhecido como tal no ano de 1367.

A futura metrópole se destacaria em uma atividade muito importante no vale do México nesta época, a guerra. Seus principais guerreiros chegaram a ser capitaneados por Azcapotzalco em suas campanhas militares em troca de tributos mais suaves sobre os astecas.

Anônimo

Matrícula de Tributos, um documento asteca que lista os produtos tributados pelos astecas em seu império. Neste caso, plumas.

O aumento da população de Tenochtitlán, aos poucos, possibilitou o surgimento de trabalhadores especializados, comerciantes e burocratas, que se desenvolveram dedicando-se a outras atividades beneficiadas pelo afrouxamento tributário. As relações entre Tenochtitlán e Azcapotzalco foram se estreitando. Um matrimônio entre os filhos de suas linhagens reais aproximou as lideranças.

O segundo governante asteca, Huitzilíhuitl, casou-se com outra consorte real, aumentando com essa aliança o poder de Tenochtitlán. Com o tempo, os astecas conquistaram o benefício de poder praticar o comércio livremente na região, o que não era permitido anteriormente por conta de sua situação de vassalagem.

Tenochtitlán cresceu muito. Sua sociedade se mostrava cada vez mais diversificada, desenvolvendo atividades especializadas, e seu exército cada vez mais poderoso. Aproveitando-se de fragilidades políticas e conflitos em decorrência de uma crise na sucessão de trono em Azcapotzalco, os astecas iniciaram uma violenta guerra no vale do México, da qual saíram vitoriosos. Era o início da construção do mais poderoso exército que já existiu na Mesoamérica.

A partir dessa vitória, a capital asteca promoveu a divisão das terras conquistadas entre nobres e poderosos guerreiros. No entanto, essa divisão foi desigual e provocou insatisfações, além de desagradar os menos privilegiados da sociedade. Para evitar revoltas internas, o controle social foi ampliado: o poder concentrou-se ainda mais nas mãos do governante único, o *tlatoani* (cuja tradução é "aquele que fala", evidenciando a necessidade dessa capacidade por parte do governante), auxiliado por um Conselho de quatro *principais*, seus assessores nos assuntos de Estado. No governo do *tlatoani* Itzcóatl, entronizado no ano de 1427, ficou definido que a sucessão ao trono seria decidida por esse Conselho, excluindo por completo da decisão os líderes locais de cada *calpulli*.

No campo ideológico, os primeiros *tlatoanis* deturparam a narrativa de origem asteca sobre os difíceis momentos da migração de Aztlán e criaram uma nova versão que os beneficiaria como os eleitos do líder-sacerdote que havia guiado os astecas, Huitzilopochtli, transformado em deus. Era o início do domínio regional asteca justificado pelo funcionamento do cosmos, ou seja, de acordo com a nova visão, desenvolver e ampliar o império eram necessidades divinas, e os imperadores eram escolhidos pelo deus maior.

Como estratégia para controlar o poder militar no vale do México, os astecas formalizaram uma aliança com Texcoco e Tlacopan, dividindo as terras entre si. Surgia a chamada "Tríplice Aliança", formada por México-Tenochtitlán, Texcoco e Tlacopan. Esse pacto, que igualava os poderes dos três governantes da aliança, foi bastante eficaz, no sentido de evitar conflitos entre eles e de assegurar a tranquilidade na região.

QUE REI SOU EU?

A unidade política asteca chamava-se *altépetl* ou cidade-Estado, que consistia em um território com um governo soberano que tributava várias comunidades ou cidades menores ao seu redor. Dentro do *altépetl* de Tenochtitlán vigorava uma estabilidade social alcançada, além da repressão aos eventuais descontentes, por meio de referências a tradições que uniam os astecas desde sua migração originária. O baixo número de conflitos internos permitiu um ambiente ideal para o aumento do poder central, uma vez que este não se desgastava internamente.

Ao conquistar um território, os astecas não o dominavam diretamente, ou seja, mantinham os chefes locais no poder. Por outro lado, o imperador asteca (*tlatoani*) preocupava-se em se legitimar entre os conquistados por meio de campanhas de coroação, ou seja, expedições a lugares conquistados, geralmente aqueles de maior produção de matéria-prima, onde era realizado um espetáculo com a finalidade de deixar claro seu poder e sua habilidade de governar. Em cada um desses espetáculos eram feitos rituais de sacrifício humano. (Levando em consideração que os demais imperadores do mundo se faziam coroar sempre dentro de suas capitais, chama a atenção essa estratégia diferente utilizada pelos imperadores astecas.)

O governo asteca tinha duas características principais: era teocrático e militarista. Teocrático porque se sustentava na ideia da vinculação do *tlatoani* com os deuses, ganhando a legitimidade por meio da qual era aceito como governante pela grande população da capital asteca. Militarista por se manter através de inúmeras campanhas militares, cujos soldados eram recrutados na própria sociedade asteca. Aliás, até havia uma escola responsável pela educação militar dos meninos, iniciada aos 15 anos de idade, chamada Telpochcalli. Já aqueles que eram destinados a ocupar cargos no governo, inclusive o de imperador, desde o início da infância recebiam uma sólida educação no chamado Calmécac, onde aprendiam Astronomia, Economia, Direito, História, Geografia e Filosofia.

Montezuma I Ilhuicamina, o *tlatoani* que subiu ao poder em 1440, continuou promovendo a expansão territorial do Império Asteca através de grandes campanhas militares, conquistando cidades-Estados ao norte e ao sul do império. Foi nesse período que os astecas conquistaram, por exemplo, a região do Chalco (no atual estado do México), cujas cidades se recusaram a fornecer trabalhadores forçados para a construção dos templos astecas. Formada por uma poderosa confederação de várias cidades detentoras de solos muito produtivos, a região de Chalco foi finalmente vencida. Com isso, o Império Asteca passou a ser mais bem alimentado, uma vez que a região conquistada passou a produzir alimentos em larga escala para o império.

Os lugares preferencialmente visados para a conquista eram aqueles que ofereciam matérias-primas escassas ou inexistentes no vale do Texcoco, incluindo aquelas que serviam para a confecção de produtos de luxo, evidenciando que a expansão territorial asteca também era motivada por ambições de consumo da elite asteca.

No governo de Montezuma I Ilhuicamina foi construído um grande aqueduto de 16 km de comprimento em Tenochtitlán que levava água fresca para a cidade. Esse *tlatoani* também criou as chamadas "Guerras Floridas", campanhas militares exclusivas para a captura de prisioneiros a serem sacrificados em rituais astecas. Montezuma I inovou ainda ao criar o cargo de vice-imperador, que coube a Tlacaeleltzin, responsável por presidir o grande conselho do império, cuidar do julgamento de sentenças como juiz e substituir o imperador quando este viajava, além de organizar todas as campanhas militares.

O *tlatoani* seguinte, Axayácatl, entronizado em 1469 aos 20 anos de idade, continuou a expansão imperial chegando ainda mais ao norte, onde habitavam os tarascas ou purépechas (no atual estado mexicano de Michoacán). Contudo, lá, pela primeira vez, o exército asteca foi derrotado; os tarascas foram o único povo a se manter livre do domínio asteca em todo o México. Eles chegaram inclusive a se aliar aos espanhóis no combate contra os astecas, posteriormente.

O imperador Axayácatl anexou Tlatelolco, cidade construída pelo grupo asteca desertor na época de formação de Tenochtitlán. Conquistou também cidades da região da costa do golfo do México, do vale de Puebla e Guerrero. A primeira exploração da costa do Pacífico também foi feita sob o seu governo.

Axayácatl mandou confeccionar a famosa Pedra do Sol, também conhecida como "calendário asteca", um monólito de 3,6 metros de diâmetro pesando 24 toneladas onde estão descritos, de forma pictórica, os diversos mundos que existiram antes do atual. No centro do monólito está o deus Tonatiuh com a sua língua perfurada em um ritual de autossacrifício. Possivelmente, a Pedra do Sol também foi uma plataforma gladiatória (*temalácatl*) em que se amarrava um inimigo de guerra destinado a lutar contra os militares astecas durante as festividades do Tlacaxipehualiztli, com sacrifícios para o deus Xipe Totec, protetor da fertilidade e curador de enfermidades.

Pedra do Sol asteca.

A Pedra do Sol foi descoberta em 1790 durante reparos na catedral metropolitana da Cidade do México. Atualmente, está exposta na Sala Mexica do Museu Nacional de Antropologia da Cidade do México.

Ao retornar da campanha militar contra os tarascas, Axayácatl estava muito ferido. A corte percebeu que ele não resistiria por muito tempo; suas quatro esposas dedicaram-se então a rituais de purificação do imperador para preparar sua ida à Mictlán, o Inframundo asteca. Aos 31 anos de idade, Axayácatl faleceu na capital mexica.

O *tlatoani* que o sucedeu, Tizoc, em 1481, teve um governo curto e conturbado. Considerado pouco estrategista, seu reinado foi marcado por algumas rebeliões de regiões conquistadas. Em 1485, ele morreu de modo repentino, envenenado por seu irmão e comandante do exército Ahuizotl, possivelmente, de acordo com algumas fontes, interessado em usurpar o poder.

De fato, Ahuizotl foi entronizado no ano de 1486. Sob seu reinado, o Império Asteca conheceu uma grande expansão territorial. O novo imperador foi considerado um eminente economista, além de eficiente militar. Suas campanhas alcançaram a atual Guatemala, região com produtos muito cobiçados pela elite, como plumas da ave quetzal (utilizadas na confecção dos penachos reais), cacau e ouro. Objetos de ostentação contribuíam para reforçar o poder imperial em rituais públicos, cada vez mais frequentes.

Esse imperador incentivou consideravelmente a arquitetura religiosa na capital asteca, inaugurando em 1487 a ampliação do Templo Maior, o maior edifício da cidade. Governantes de todas as cidades conquistadas foram convidados para a inauguração desse edifício, participando de festividades que duraram quatro dias, nas quais foram sacrificadas mais de 80 mil pessoas segundo algumas fontes coloniais. (Provavelmente, esse número é exagerado, uma vez que foi registrado em documentos enviados à Coroa espanhola com o intuito de se conseguir mais recursos para a evangelização dos indígenas, ressaltando o quanto eram "primitivos e violentos".)

Ahuizotl enfrentou, contudo, uma rebelião de cidades conquistadas em uma região onde hoje fica o atual estado mexicano de Guerrero. Vitorioso, mandou dizimar toda a população local e repovoou a região com habitantes do vale do México. A guerra movia e sustentava o império: revoltas eram inadmissíveis.

Uma grande enchente ocorreu em Tenochtitlán (não se sabe ao certo em que ano), provocada pelo aumento do nível do lago quando o aqueduto passou a drenar uma quantidade maior de água. Para diminuir a quantidade de água na capital do império, foi necessário que mergulhadores obstruíssem uma parte do sistema hidráulico.

Após voltar de uma campanha militar, Ahuizotl morreu de uma doença desconhecida e foi sucedido por Montezuma II Xocoytzin no ano de 1502. Montezuma II anexou mais territórios ao Império Asteca, de leste a oeste, chegando ao Pacífico e à costa do golfo do México. Intensificou as Guerras Floridas e consolidou uma importante aliança no vale de Puebla, onde estava a cidade de Cholula, a segunda maior cidade de todo o México e um importante centro cerimonial.

Contudo, Montezuma II enfrentaria o mais difícil obstáculo encontrado pelos astecas: o choque com os espanhóis em 1519, do qual trataremos em "A derrota dos astecas".

Continuando a mencionar os *tlatoanis*, os dois últimos foram Cuitláhuac, um parente e conselheiro de Montezuma II que reinou em 1520, e Cuauhtémoc, último imperador asteca a governar Tenochtitlán, em 1521.

Os imperadores também tinham apelidos

Além do primeiro nome, os imperadores astecas também carregavam um tipo de apelido que destacava alguma de suas habilidades, lembrava alguma situação marcante na vida, referia-se a algum aspecto da natureza (como animais, plantas e minerais) ou traduzia alguma "filosofia de vida". O apelido de Tizoc, por exemplo, era *Aquele que se Sangra*, numa alusão ao autossacrifício. Vejamos quais foram os *tlatoanis* e seus respectivos apelidos, bem como os períodos em que governaram Tenochtitlán (eventuais variações em datas e nomes se justificam, uma vez que até hoje algumas delas não foram estabelecidas com exatidão pelos pesquisadores):

> Acamapichtli, *Feixe de Junco* (1367-1387)
> Huitziliuitl, *Pluma de Beija-Flor* (1391-1415)
> Chimalpopoca, *Escudo Esfumaçante* (1415-1426)
> Itzcóatl, *Serpente de Obsidiana* (1427-1440)
> Montezuma I Ilhuicamina, *Senhor Raivoso, Flecheiro Celestial* (1440-1468)
> Axayácatl, *Rosto de Água* (1469-1481)
> Tizoc, *Aquele que se Sangra* (1481-1486)
> Auitzotl, *Lontra, Monstro Aquático* (1486-1502)
> Montezuma II Xocoytzin, *Senhor Raivoso, o Mais Jovem* (1502-1520)
> Cuitláhuac, *O que foi Encarregado* (1520)
> Cuáuhtemoc, *Águia que Devora a Presa* (1521-1524)

(Fonte: MOCTEZUMA, Eduardo M. *Vida y muerte en el Templo Mayor*. México: Fondo de Cultura Económica, 1998.)

VESTIMENTAS, COMIDAS, BEBIDAS

Em geral, o vestuário asteca era composto, no caso dos homens, por uma tanga ou tapa-rabo chamado *maxtlatl*, que descia até o joelho e se estendia atrás do corpo formando um manto, o *tilmatli*. Por vezes, era possível usar uma túnica por baixo. Já as mulheres usavam um corpete chamado *huipilli* e uma saia chamada *cueitl*. A principal matéria-prima do vestuário era o algodão trazido de áreas conquistadas. As roupas eram decoradas com imagens de animais estilizados, flores ou motivos geométricos. As pessoas comuns andavam descalças; as pessoas de elite calçavam um tipo de sandália de fibra ou couro chamada *cactli*, decorada com pedrarias e pele de jaguar. Os astecas usavam um espelho feito de pirita, um mineral que reflete a luz.

Para se enfeitar, as mulheres costumavam usar no rosto um unguento amarelo-claro, o *axin*. As jovens da elite pintavam os dentes com cochonilha (um inseto), deixando-os vermelhos. As mulheres se perfumavam com incensos e penteavam os cabelos formando dois coques, um de cada lado da cabeça. Pessoas de ambos os sexos usavam colares, brincos, pendentes, pulseiras, e os homens podiam perfurar os lábios para a inserção de pedras, um hábito comum entre os astecas.

A sociedade asteca possuía médicos chamados de *ticitl*, que também eram sacerdotes, e costumavam tratar dos ferimentos e das fraturas usando emplastros e plantas com propriedades medicinais, além de recorrerem a orações feitas sobre o enfermo, uma vez que as doenças eram atribuídas a seres espirituais malignos. Os astecas catalogaram cerca de 1.200 espécies de plantas em um grande manual, contendo seus nomes e aplicações, escrito durante o período Colonial.

O banho e o asseio pessoal eram hábitos recorrentes entre os astecas. Isso chegou a espantar os espanhóis, que não costumavam tomar muitos banhos nem se preocupavam em andar muito limpos. A própria cidade de Tenochtitlán era bastante limpa. Na Segunda Carta a Carlos v, o conquistador Hernán Cortés relatou "o peculiar gosto pelo banho dos indígenas", em especial os da nobreza. Cortés registrou, com espanto, que Montezuma, além de se banhar todos os dias, o fazia quatro vezes ao dia, e após cada banho vestia-se com outras roupas, limpas.

A base da alimentação asteca, assim como dos demais povos mesoamericanos, era o milho, cultivado através da agricultura intensiva. O prato mais consumido entre os astecas era um bolinho de milho envolto em cascas de banana, conhecido como *tamale* (até hoje o tamale é bastante apreciado no México). A alimentação com base nos derivados do milho era complementada com pratos feitos a partir de outras plantas, como a abóbora, o amaranto e o feijão. Pimenta era também muito popular.

No pântano lamacento do lago Texcoco, os astecas construíram *chinampas*, ou seja, plataformas de terra que formavam ilhas artificiais no meio do lago, cujos sulcos permitiam a irrigação contínua das plantações. Assim, sua subsistência ficava garantida durante todo o ano. Além disso, por esses sulcos ou canais, os astecas podiam navegar em canoas por entre os canteiros, para realizar trabalhos de manutenção quando necessários.

A diversidade aquática do lago Texcoco garantia o consumo de proteínas através da captura de peixes, anfíbios, crustáceos, aves e insetos. Dentre estes se destacam os *chapulines*, grilos fritos (até hoje consumidos pelos mexicanos). Em menor escala, como proteína animal, os astecas ingeriam carne de peru e de cães.

A elite consumia uma bebida à base de cacau, produto das terras tropicais, considerada luxuosa e utilizada em rituais. Outra bebida importante da elite era o *octli*, feito à base de agave e fermentado, consumida igualmente em rituais. A embriaguez não era um comportamento comum na capital asteca.

Chama a atenção o ritual gastronômico do *tlatoani*, que, em geral, consumia mais de 200 pratos distintos diariamente. Já para alimentar toda a nobreza e a corte, os funcionários do governo chegavam a servir 1 milhão de refeições por dia. A princípio se alimentava o imperador e, depois, a corte, que consumia os alimentos enquanto os imperadores fumavam. Esse ritual contava com a participação de anões e bufões, geralmente pessoas com alguma deficiência física (que, por isso, gozavam de prestígio na sociedade asteca), cuja função era divertir o imperador e a nobreza.

Rituais astecas

Certos rituais de Montezuma chamaram a atenção do conquistador espanhol Hernán Cortés:

As refeições de Montezuma obedeciam a um ritual, pois vinha uma longa fila de jovens trazendo todo o tipo de comida, desde aves, pescado, frutas e legumes que enchiam uma sala. Como esta terra é muito fria, debaixo de cada bandeja, traziam um braseiro para manter a comida quente. Ao princípio e ao fim da comida lhe davam água e toalha para lavar as mãos. Uma vez usada a toalha, não se usava mais. Da mesma forma procediam com os pratos. Se Montezuma queria repetir a comida ou comer outro tipo, traziam-lhe um outro prato.

> Montezuma trocava de roupas quatro vezes por dia e as roupas que tirava nunca mais voltava a usar. Todos os senhores que entravam em sua casa tiravam o calçado e levavam a cabeça e os olhos inclinados em sinal de reverência. Quando ele passava pela rua as pessoas igualmente baixavam a cabeça, não o olhando diretamente. Ele era sempre conduzido em um andor, precedido de um senhor que levava três varas, uma das quais ele apanhava ao descer e usava como bastão enquanto caminhava. Eram tantas e tão diversas as cerimônias que este senhor tinha a seu serviço que era necessário mais espaço do que o que tenho presentemente para escrever sobre ele.
>
> (Fonte: CORTÉS, Hernán. *Cartas de relación*. Trad. Jurandir Soares dos Santos. São Paulo: L&PM, 1997, p. 46.)

Os trabalhos ligados à agricultura e o cultivo nas *chinampas* eram realizados pela gente comum da capital asteca, os chamados *macehualtin*, trabalhadores rurais que garantiam o abastecimento da metrópole. As terras onde trabalhavam eram inalienáveis e pertenciam ao império, seu usufruto era garantido em troca de parte do produto do trabalho feito nelas. A classe social dos *macehualtin* compunha cerca de 20% da sociedade, enquanto as demais pessoas comuns eram artesãos, comerciantes e guerreiros.

Os produtos que vinham de todos os lugares do império eram comercializados em grandes e importantes mercados do vale do México. Alguns deles eram bem especializados, como o de Alcomán, que vendia somente cães. Esses mercados, chamados de *tianquiztli* (da qual deriva a atual palavra *tianguis*, utilizada para mercados e feiras na Cidade do México), eram geridos por supervisores a mando do *tlatoani*, a fim de garantir a organização da atividade e impedir o acesso de mercadores ilegais. Esses mercados eram frequentados por todas as pessoas e de todas as classes sociais. Havia também magistrados que controlavam a ordem dentro dos mercados e julgavam eventuais litígios. Os *tianquiztli* comercializavam desde insetos até sofisticados vasos de cerâmica; o cacau era uma das formas de moeda não metálica que circulava nas negociações. Compras maiores eram pagas com tecido de algodão, mercadoria bastante apreciada e cara, chamada de *quachtli*. Cabeleireiros e barbearias faziam parte da oferta de serviços dos mercados.

Um desses *tianquiztli*, o de Tlatelolco, impactou o conquistador Hernán Cortés, que o considerou muito maior e mais diversificado que os da Espanha. Em suas cartas para o imperador Carlos v, Cortés menciona até 60 mil pessoas passando por esses mercados diariamente.

No entanto, os maiores ganhos econômicos de Tenochtitlán vinham de tributos e impostos pagos pelas cidades conquistadas pelos astecas. No chamado Códice de Mendoza, um documento do início do período Colonial, pode-se ver o registro das mercadorias confiscadas ou tributadas pelos astecas, como plumas de quetzal, tecidos, lenha, cacau, cereais, cochinilha, cogumelos, mel, peles de animais, ouro e bronze e rochas, como a obsidiana (utilizada para confeccionar objetos cortantes, como as facas).

Havia uma diversidade muito grande de tributos. Eles podiam incluir animais vivos (para compor o zoológico da capital), dentes de crocodilo e chifres de cabra (para confecção de adornos), além de caucho (borracha) para confeccionar as bolas do jogo ritual que já mencionamos quando tratamos dos maias e que também existia entre os astecas. Escavações arqueológicas na área onde fica o atual Palácio de Belas Artes, na Cidade do México, encontraram ossos de diversos animais, o que pode estar relacionado com a área onde ficava o zoológico.

O zoológico da capital asteca

Esta casa tinha dez lagos artificiais onde mantinham todas as espécies de aves aquáticas de que se tem conhecimento. De tempos em tempos esvaziavam estes lagos para limpar e trocar as águas. Só para cuidar destas aves havia trezentos homens, que davam o tipo de alimento que cada uma delas gostava. Havia uma outra casa onde só cuidavam de aves e animais ferozes, como águias de todas as espécies, leões, tigres, leopardos e outros bichos. Todos estes animais eram tratados com galinhas em abundância. Havia também trezentos outros homens para cuidá-los.

(In: CORTÉS, Hernán. *Cartas de relación*. Trad. Jurandir Soares dos Santos. São Paulo: L&PM, 1997, p. 35.)

A tributação exercia uma pressão muito grande nas províncias conquistadas pelos astecas, pois exigia um enorme esforço do trabalho humano e de organização social. Por exemplo, a cidade de Tuxtepec (no atual estado mexicano de Oaxaca) era obrigada a enviar a Tenochtitlán uma vez ao ano

24 mil plumas de araras e papagaios, 16 mil bolas de borracha, 80 ramos de plumas da ave quetzal e uma grande quantidade de joias de ouro e de cristal de rocha. Já a cidade de Quauhnahuac contribuía duas vezes ao ano, e enviava para a capital 3.200 fardos de algodão, 400 trajes masculinos e 400 femininos, 400 tangas, diversas roupas cerimoniais, 8 mil resmas de papel, 2 mil vasos cerâmicos. Com tais exemplos, é possível ter uma ideia do quão oneroso era para as áreas conquistadas obter os materiais e confeccionar os produtos, e como era poderoso o domínio asteca.

O império tinha um rígido controle sobre a tributação de suas províncias, as cidades e regiões conquistadas. Os tributos eram registrados em documentos escritos e pictográficos pelos *calpixque*, escribas especializados em assuntos tributários. Tais registros englobavam a arrecadação e o transporte das mercadorias até Tenochtitlán. Pessoas de cidades conquistadas que não pagavam o tributo eram forçadas a trabalhar na terra e enviar sua produção agrícola ao *tlatoani*.

Esses tributos não eram acumulados no Império Asteca, a elite se encarregava de distribuí-los para a classe real e a população em geral, com a finalidade de manter o governo, sustentar cultos e rituais públicos, pagar os funcionários e recompensar os guerreiros, além de bancar presentes para amigos e convidados reais.

A ORGANIZAÇÃO SOCIAL ENTRE OS ASTECAS

A sociedade asteca era hierarquizada, embora permitisse alguma mobilidade social, exclusivamente por homens que tinham um desempenho destacado na guerra.

A classe mais alta era composta pelo *tlatoani* e sua família. Seu poder era considerado de origem divina, o que lhe garantia o direito de governar o império e de consumir os mais luxuosos produtos originários dos tributos. Uma vez entronado, o imperador devia cumprir duas obrigações: a primeira e mais importante era homenagear os deuses em complexos cerimoniais e através deles falar à população com uma retórica precisa e convincente; a segunda, garantir a segurança de Tenochtitlán e expandir o império por meio de alianças e principalmente de guerras. O *tlatoani* também presidia o sistema burocrático que incluía seu vice-imperador, seu Grande Conselho (ou *Tlatocán*, O Lugar da Fala), formado por quatro dignitários escolhidos por ele para auxiliá-lo na tomada de decisões importantes.

Abaixo do imperador estavam os *tecuhtli* ou nobres e dignitários, que exerciam função civil e judiciária. Eles ocupavam altos cargos administrativos, atuando como embaixadores, ministros e sacerdotes dentro do império. Tinham à sua disposição funcionários e escribas à custa do erário público. Os *tecuhtli* eram privilegiados, não pagavam impostos nem trabalhavam na terra. De origem hereditária, os nobres tinham acesso a produtos de luxo e a servos trabalhando para eles em suas terras. Seus filhos estudavam no Calmécac, uma instituição responsável pela educação dos jovens nobres, onde aprendiam História, matemática, poesia, filosofia, direito, religião, e como realizar o registro do tempo e festas religiosas nos calendários.

Logo abaixo vinham os militares de altas patentes, responsáveis por garantir a ordem interna em Tenochtitlán e fazer com que os impostos das regiões conquistadas fossem devidamente pagos. Seus filhos estudavam numa escola militar chamada Tepochcalli, onde aprendiam habilidades militares. Não era por acaso que o exército asteca era o mais temido de todos os povos do Pós-Clássico. O militarismo asteca era formado por sete ordens diferentes, que aumentavam de acordo com a quantidade de cativos capturados nas campanhas militares voltadas à obtenção de vítimas de sacrifício. A mais conhecida e uma das mais prestigiadas era a Ordem das Águias, cujos guerreiros vestiam-se com indumentária vermelha e plumas dessa ave de rapina. No entanto, a mais importante era a Ordem dos Guerreiros Raspados, cujos componentes ostentavam o cabelo raspado atrás da orelha esquerda.

O repertório de armas utilizadas pelos militares era grande. Destacavam-se o *átlátl*, um propulsor utilizado para lançar dardos; o *chimalli* ou escudo decorado, confeccionado principalmente de várias camadas de algodão, sendo bem resistente; e a mais temida arma de todas, o *macuahuitl*, uma clava ou bastão achatado em cujas laterais eram colados estiletes de obsidiana, um vidro de origem vulcânica com um poderoso ponto de corte. Era com essa arma que os astecas cortavam com um só golpe a cabeça dos cavalos espanhóis.

A quarta classe social era a dos *pochtecas*: comerciantes, artesãos e trabalhadores de ofício especializado, como os ourives. Atuavam principalmente no mercado de Tenochtitlán, onde vendiam seus produtos. Viviam com algum conforto, mas eram obrigados a pagar impostos ao *tlatoani*. Alguns deles chegavam a atuar como informantes secretos do *tlatoani*.

Depois vinham os *macehualtin*. Eram trabalhadores rurais e compunham cerca de 20% da população asteca, sendo a classe social mais comum ou predominante. Tinham usufruto das terras comunitárias pertencentes ao Império Asteca mediante pagamento de tributos. Seu trabalho era bastante extenuante, e quanto mais produziam, maior era a quantidade de produtos que podiam comercializar no mercado de Tenochtitlán. Se fossem bons guerreiros, podiam ascender de classe social.

Na base da pirâmide social estavam os escravos. No entanto, ao se utilizar essa palavra, temos que ter em mente que a escravidão entre os astecas não foi igual à chamada "escravidão moderna", em que as vítimas eram capturadas na África, traficadas para o continente americano e obrigadas a trabalhar nas *plantations*. Os escravos astecas não eram "propriedade" da elite, eram pessoas que faziam trabalhos forçados em troca do pagamento de suas dívidas, principalmente em pequenos negócios nos mercados da capital. Podiam acumular bens e se casar, por exemplo. Alguns deles eram camponeses que, por infringir alguma lei, foram condenados a pagar suas dívidas com o império trabalhando para os nobres. Além disso, como escravos, tinham que prestar serviço militar, trabalhar nas *chinampas*, na construção de edifícios e na manutenção do aqueduto.

* * *

Em geral, a família asteca era nuclear, formada por um homem, uma mulher e seus filhos. As casas das pessoas comuns eram simples, feitas de adobe e madeira com o teto de palha. No terreno pequeno onde eram construídas, também podia haver um local destinado ao banho de vapor (*temazcalli*) e um espaço para cultivo de plantas. A iluminação era feita por meio de tochas acesas com a combustão de resinas, garantindo luminosidade por um tempo prolongado. Já as pessoas da nobreza viviam em casas mais abastadas ou palácios erigidos em alvenaria.

O mais frequente era que os homens se dedicassem às atividades guerreiras, ao comércio ou ao artesanato, enquanto as mulheres tratavam da vida doméstica e se dedicavam principalmente a alimentar a família. Elas também podiam ser parteiras e algumas chegavam a ser sacerdotisas. A poligamia e a homossexualidade parecem não ter sido bem aceitas na sociedade asteca, segundo os escritos coloniais.

As famílias das classes mais altas enviavam os filhos para a escola militar ou para a escola religiosa.

ARQUITETURA E URBANISMO

A capital asteca possuía uma arquitetura semelhante à das demais cidades mesoamericanas, mas com particularidades e adaptações locais. Tenochtitlán era abastecida com água por meio de aquedutos e possuía um eficiente sistema hidráulico de escoamento da água da chuva para o lago Texcoco, evitando, assim, inundações. Pontes ligavam a cidade localizada no meio do lago à terra firme. O principal meio de transporte era a canoa, utilizada para percorrer os canais das *chinampas*.

A metrópole estava dividida em quatro grandes partes com um núcleo (chamado *teocalli*, o espaço sagrado ou o centro do universo), onde ficava o Templo Mayor. Portanto, o plano urbano da cidade formava um cosmograma quartipartite.

Os astecas construíram edifícios monumentais dedicados à administração da cidade ou aos cultos e às cerimônias religiosas. Os grandes edifícios – as habitações do *tlatoani* e da nobreza e os templos dedicados aos deuses –, além de uma grande plataforma de crânios dos prisioneiros sacrificados chamada de Tzomplantli, ficavam localizados no centro da cidade. Um templo de forma circular e de teto cônico, dedicado a Quetzalcóatl, deus do Vento, foi descoberto recentemente no subsolo do Zócalo, a praça principal da atual Cidade do México, depois de uma reforma em um banheiro de uma casa particular desse local.

O espaço central era o coração da cidade. Além dos já citados, nesse local havia um templo dedicado a Tezcatlipoca, outro à deusa terrestre Ciuacóatl, um panteão consagrado aos deuses estrangeiros, um templo do deus do Sol, Tonatiuh, além de vários outros santuários. No centro ainda havia o campo de jogo ritual de bola, a escola dos aristocratas, arsenais de armas, um grande jardim zoológico e a escola de música Mecatlán. Contudo, o destaque desse grande e principal espaço é o Templo Mayor, uma pirâmide escalonada de 50 metros de altura que recebeu diversas ampliações arquitetônicas ao longo de sua história, de acordo com as vontades dos governantes em cada época. No seu topo existiam dois templos dedicados aos principais deuses: Tláloc, o deus da Chuva, e Huitzilopochtli, o deus da Guerra e patrono asteca. Ali em cima, os rituais de sacrifício eram realizados, e a encenação principal era o rolamento realizado pelos sacerdotes da vítima já decapitada escadaria abaixo. Ainda hoje é possível observar resquícios da base do Templo Mayor na lateral da Catedral da Cidade do México, localizada no Zócalo. O local onde ficava o Templo Mayor foi escavado em 1978 sob a direção do arqueólogo Eduardo Matos Montezuma; os objetos recuperados ficam expostos em um museu localizado ao lado do atual sítio arqueológico.

Mesquitas em Tenochtitlán?

Lançando mão de referenciais de sua época e contexto, assim Cortés descreveu o Templo Mayor:

> Possui esta grande cidade muitas mesquitas ou casas de seus ídolos, todas de formosos edifícios situados em todos os bairros. Nas principais há religiosos que residem permanentemente. Há uma mesquita principal que não existe língua humana que consiga descrever a sua beleza e as suas particularidades. Sua área é tão grande que se poderia fazer ali uma vila de quinhentos vizinhos. Possui amplas salas, ótimos aposentos e quarenta torres muito altas, sendo que a mais alta é maior que a torre da igreja principal de Sevilha. Dentro da grande mesquita há três salas onde estão os ídolos principais, todas de maravilhosa grandeza e belos trabalhos de cantaria, madeiramento e figuras esculpidas. Dentro destas salas estão pequenos compartimentos, sem claridade nenhuma, onde ficam alguns religiosos. Ali dentro é que ficam seus ídolos. Os principais destes ídolos e nos quais eles tinham mais fé eu derrubei de seus assentos e os fiz descer escada abaixo. Fiz também com que limpassem aquelas capelas, pois estavam cheias de sangue dos sacrifícios que faziam. Em lugar dos ídolos mandei colocar imagens de Nossa Senhora e de outros santos.

Chama a atenção, na carta de Cortés, a descrição dos templos como mesquitas (lugares de oração dos muçulmanos, que haviam sido combatidos pelos espanhóis no processo conhecido como Reconquista). As mesquitas eram consideradas pelos cristãos espaços de idolatria, daí a analogia com os templos astecas. Como a conquista militar caminhava junto à "conquista espiritual", pareceu bastante óbvia e aceitável a Cortés a violência empregada contra os símbolos da religião asteca e sua substituição por imagens ligadas à religião cristã. Do ponto de vista dos astecas, esse movimento deve ter sido brutal e chocante.

(Fonte: CORTÉS, Hernán. *Cartas de relación*. Trad. Jurandir Soares dos Santos. São Paulo: L&PM, 1997, pp. 33-4.)

Os trabalhos arqueológicos ligados a Tenochtitlán continuam até hoje. Recorrentemente, novos achados são divulgados na mídia, como o magnífico monólito de 3,57 metros de comprimento e pesando 12 toneladas, descoberto no subsolo do Templo Mayor em 2006, representando a deusa da Fertilidade Tlaltecuhtli em posição de parto, com garras sedentes e sangue saindo da boca. Foi fabricado no ano 10 Coelho (ou 1502, no nosso calendário), correspondente à data da morte do imperador Ahuizotl – por isso, alguns estudiosos, incluindo Matos Montezuma, acreditam que o monólito selava a tumba de tal governante. Contudo, apesar de se haver recuperado mais de 12 mil artefatos abaixo do monólito, nenhum vestígio de sepultamento foi encontrado (pelo menos até agora). Esta grande estrutura de pedra encontra-se, atualmente, exposta no Museu do Templo Mayor.

Monólito de Tlaltecuhtli, descoberto na Cidade do México,
no subsolo do Templo Mayor, em 2006.

A RELIGIÃO ASTECA

Em geral, a religião asteca era semelhante às dos demais povos que habitaram a Mesoamérica. Era politeísta com elementos animistas, ou seja, acreditava-se que coisas, objetos e seres vivos não humanos possuíam vontades e espírito. Também era um sistema de crenças bastante ligado à agricultura: segundo os astecas, as divindades podiam agir sobre a natureza para que as populações obtivessem uma boa colheita.

Conforme os astecas, o Mundo possui três níveis: o Céu (Tlalocán), um local seco, quente e iluminado; o mundo subterrâneo ou Inframundo, local dos mortos (conhecido pelo nome de Mictlán, que os espanhóis erroneamente interpretariam como sendo o Inferno cristão), frio, úmido, escuro; o nível terrestre, ondes vivem os seres humanos e demais criaturas. Esses níveis são sustentados por pilares em forma de árvores, localizados em cada vértice do cosmograma, e um central, ou seja, em formato quatripartite. Ao redor do Mundo está um grande oceano, habitado por seres aquáticos monstruosos, como o temível Cipactli, de forma crocodiliana. As divindades são os únicos seres que podem transitar entre todos esses níveis, dependendo de suas atuações: se propicia a chuva, a divindade específica vai para o Céu provocar o fenômeno; se a divindade é capaz de fertilizar o solo, vai para o Inframundo (Mictlán). Essa associação de ações de divindades em regiões específicas caracteriza a cosmologia asteca, segundo os estudiosos, como uma "cosmologia geográfica".

Documentos da época colonial escritos por indígenas de origem asteca convertidos ao cristianismo, como a Lenda dos Sóis e o Códice Chimalpopoca, narram que o Mundo atual possui um protetor divino (Tonatiuh, o deus do Sol). Também contam que o Mundo chegou a ser criado e destruído diversas vezes. O período entre cada destruição é chamado de Criação (ou Sol). Na época dos astecas, o mundo estaria em sua Quinta Criação (ou Quinto Sol), sendo que as criações anteriores tinham sido a da Terra, do Vento, do Fogo e da Água. Todas elas foram destruídas por fenômenos naturais induzidos por conflitos entre as divindades, por exemplo, a Quarta Criação (ou Quarto Sol) foi destruída por um dilúvio provocado por Tezcatlipoca depois de uma briga com a deusa da Água e das Pedras preciosas, Chalchiuhtlicue. Após o caos, vem a calmaria e surge um novo Sol (uma nova criação do Mundo).

Essa explicação foi interpretada por alguns pesquisadores como um mito sobre a difícil luta do ser humano para manter o equilíbrio e controlar seus conflitos, tal controle impede que o Mundo seja totalmente destruído.

Para dedicar-se à vida religiosa, era necessário ter estudado em uma escola específica chamada Calmécac, como vimos em "A organização social entre os astecas". Nessa instituição, os meninos eram iniciados no sacerdócio, aprendiam rezas e cantos religiosos, conheciam a medicina através do uso de plantas, estudavam Matemática, Filosofia, Direito e habilidades para manejar os complexos calendários astecas. Os sacerdotes astecas conheciam e recitavam poemas em que utilizavam em seu amplo repertório religioso, garantindo a continuidade cultural de tradições e crenças astecas. O patrono do sacerdócio era o deus Tezcatlipoca, que, segundo os astecas, exigia dos jovens estudantes de religião e dos sacerdotes formados que pintassem o corpo com tinta preta, a "cor da divindade". Assim, todos os sacerdotes tinham seus corpos pintados de negro nos rituais que conduziam.

O panteão asteca era numeroso e complexo, sendo que a religião também tinha um aspecto assimilador, ou seja, novas divindades podiam ser adotadas a partir da conquista de novos povos na expansão territorial do império. No entanto, havia algumas divindades mais cultuadas que outras, pois possuíam maior destaque no Império, sendo elas Tezcatlipoca, Quetzalcóatl, Xipe Totec, Tláloc, Mictlantecuhtli, Coatlicue e Huitzilopochtli. A maioria das divindades eram masculinas, sendo as femininas em pequeno número. Elas não eram totalmente etéreas nem maniqueístas, ou seja, não podem ser classificadas em "deuses do Bem" ou "do Mal". As divindades astecas possuíam características e comportamentos "bem humanos", podendo praticar ações com erros e acertos.

Suas imagens eram visíveis no cotidiano dos astecas, já que estavam presentes em desenhos que ilustravam códices, em pinturas nas cerâmicas e nas paredes dos templos e nas esculturas em pedra.

Tezcatlipoca era cultuado como uma das principais divindades criadoras do Mundo e do sacrifício. A tradução mais aceita de seu nome é Senhor do Espelho Fumegante. Conforme a crença, Tezcatlipoca gostava de pregar peças nos seres humanos: mostrava seu peitoral em forma de espelho à pessoa, que nele acabava vendo sua verdadeira essência e as mentiras que contava. Tezcatlipoca exalava fumaça com a qual matava os seus inimigos. Tinha faixas negras pintadas no rosto, uma alusão à noite e ao sacerdócio. Era ainda associado ao jaguar, animal noturno. Não possuía um dos pés, substituído ora por uma cabeça de jaguar, ora somente um osso. Em uma das versões astecas, Tezcatlipoca embebedou seu irmão Quetzalcóatl, que, por conta disso, acabou praticando incesto com sua irmã. Revoltado, Quetzalcóatl transformou-se em um cipactli (monstro aquático com forma de crocodilo) e amputou o pé de Tezcatlipoca quando este passava por um lago. Sendo uma divindade noturna, Tezcatlipoca morava no Inframundo e era bastante temido pela população. Sua iconografia é complexa, com muitos elementos de indumentária religiosa. Na documentação da época colonial, Tezcatlipoca aparece com vários outros atributos que não existiam antes, como onipotência e onipresença, um deus sempre jovem, varonil e vingativo.

O deus Tezcatlipoca representado no Códice Borgia.
Note-se a ausência de um dos pés da divindade.

Outra divindade criadora era Quetzalcóatl (Serpente Emplumada). Também complexa, estava associada a várias atividades, como o desenvolvimento do calendário, a fertilidade e a guerra. *Alter ego* ou irmão de Tezcatlipoca, Quetzalcóatl era uma divindade do nível celestial, e, portanto, do nível quente e seco. Durante o Pós-Clássico, os astecas fundiram essa divindade com Ehécatl ou 9 Vento, o deus do Vento. Assim, em sua forma antropomorfa, Quetzalcóatl aparece retratado com uma máscara com bico de ave e uma cauda de macaco, animais que eram associados ao vento. Nos códices, é representado com uma concha em seu peitoral, de onde se pode ouvir o barulho do vento. Seu gorro cônico, portanto, sem arestas para melhor circular o vento, tem a mesma forma da pirâmide circular construída no centro da praça cerimonial. Segundo a narrativa asteca, depois do incesto com sua irmã, desesperado, Quetzalcóatl fugiu e, ao chegar ao golfo do México, imolou-se e, em forma de fogo, se transformou em Vênus ou na "estrela matutina e vespertina" prometendo um dia regressar.

Wolfgang Sauber (CC BY-SA 3.0)

Vasilha cerâmica representando Tláloc, o deus da Chuva.

Tláloc, o deus da Chuva, uma das mais antigas deidades mesoamericanas, era outra divindade criadora e uma das mais importantes do panteão asteca. A ele foi dedicado um santuário localizado sobre o Templo Mayor. Seu nome pode ser traduzido como "O que Está Coberto de Terra". Associava-se, também, a raios, trovões e terremotos. Na iconografia, aparece representado com o rosto pintado de azul, quando não o corpo todo, usando um par de círculos nos olhos, também azuis, uma bigodeira e portando nas mãos raios ou relâmpagos. Os astecas promoviam diversas festividades anuais em devoção a esse deus, que recebia, em geral, sacrifícios de crianças de ambos os sexos.

Chove chuva, chove sem parar

Choveu a manhã toda. Aconteceu no dia 16 de abril de 1964: enquanto o monólito de Tláloc era transportado para o recém-inaugurado Museu Nacional de Antropologia, os moradores da capital presenciaram uma das chuvas mais fortes de todo o ano. Amarrada por cordas, a peça de 168 toneladas foi transportada em um caminhão que parecia de carnaval. Das calçadas encharcadas, as pessoas paravam para observá-la em um silêncio úmido, como se acompanhassem com os olhos um cortejo funerário. Só quando a peça chegou à Cidade do México é que chuvas torrenciais caíram sobre a capital. O monólito Tláloc veio da cidade de San Miguel Coatlinchán, no estado do México. Os habitantes da cidade, porém, lamentaram a perda do deus da Água: sem a sua presença, não haveria mais quem dirigisse as chuvas da Serra de Texcoco. Segundo os registros do Museu Nacional de Antropologia, a meteorologia dizia que esse dia não choveria. Às 3 da manhã, porém, uma cortina de água limpou as ruas da capital, enquanto o deus amarrado com cabos de aço passava. A água só parou depois de uma hora e meia.

(In: FISHER, Andrea. El rapto de Tláloc: la historia de cómo el monolito del Museo Nacional de Antropología llegó a la CDMX. *National Geographic Espanha*, Madri, 8 mar. 2023, tradução minha. Disponível em: <https://www.ngenespanol.com/historia/como-llego-el--monolito-de-tlaloc-a-la-cdmx/>. Acesso em: 12 set. 2023.)

Xipe Totec (Nosso Senhor Esfolado) era uma divindade cultuada mais pela elite que pelo restante da população. Era associada à regeneração e à renovação da vida, ao sacrifício, ao milho, à morte, à agricultura, às doenças, e era o patrono dos ourives. Vivia no nível celestial e era um deus jovem. Na pintura, sua figura pode ser reconhecida pela descamação da pele, em alusão à regeneração da vida, e pelos olhos fechados e pela boca inchada, em alusão à morte. Às vezes a pele esfolada é a de algum animal sacrificado, frequentemente o jaguar. Porta em suas mãos um *chicahuaztli*, instrumento de percussão ou chocalho arrematado na parte superior por um depósito de metal que contém sementes de milho ou pequenas esferas de metal, cuja função é provocar o som que promove as chuvas que ajudam as sementes de milho a germinar nas plantações. Xipe Totec era uma divindade bastante cultuada nos tempos do imperador asteca Axayácatl (1469-1481). Em rituais e festas a ela dedicados, os sacerdotes vestiam-se com peles humanas de vítimas de sacrifício pintadas de amarelo para representar o jaguar.

Mictlantecuhtli (Senhor do Lugar dos Mortos) era a principal divindade associada à morte. Conforme a crença asteca, vivia no Mictlán, na escuridão da noite, e era o senhor do espírito dos mortos. Representado como um esqueleto, às vezes aparecia com pele, cujo crânio mostra as mandíbulas abertas exibindo todos seus dentes. Algumas esculturas o retratam com pequenos orifícios espalhados em sua pele, representando os pelos já caídos pela decomposição do corpo após a morte; leva uma bandeira branca chamada de *pantotolli* e uma estola, também branca, conhecida como *stigma*. Estava associado a alguns animais considerados de mau agouro: o morcego, a aranha e a coruja, cujo canto noturno precedia a morte de quem o escutava. Há uma curiosa representação da divindade no Códice de Borgia portando um grande sol negro nas costas, "o sol da morte". Mictlantecuhtli era invocado geralmente em épocas de pandemias, para a cura de enfermidades ou ainda para se obter vitória nas guerras.

Coatlicue (A que Porta Saia de Serpentes) era uma divindade feminina, associada à fertilidade da terra. Esposa do deus da Caça, Mixcóatl, segundo a mitologia asteca, foi ela quem gestou Huitzilopochtli. Possuía uma cabeça de serpente. Seus seios sempre ficavam evidentes e sua saia era decorada com desenhos de serpentes. A principal representação de Coatlicue, segundo os pesquisadores, é uma escultura de pedra de 2,5 metros de altura e quase 3 toneladas. No ano de 1790, essa escultura horrorizou os espanhóis, que a quebraram em várias partes e enterraram-nas em diversos locais da cidade. Os pedaços foram recuperados, ora por escavações arqueológicas, ora por intervenções da prefeitura no solo da Cidade do México. Atualmente, a escultura reconstruída está praticamente completa e encontra-se exposta com destaque no Museu Nacional de Antropologia da Cidade do México.

Representação em pedra da deusa asteca Coatlicue.

Huitzilopochtli (Beija-Flor do Sul), a divindade patrona e principal dos astecas, regia o Sol e a guerra e velava pelos militares. Huitzilopochtli acompanhou os astecas desde sua migração de Aztlán até o vale do Texcoco, onde finalmente se assentaram. Conforme a crença asteca, foi essa divindade que proporcionou a visão da águia sobre um cacto, determinando, assim, o local onde os astecas passariam a viver. Em uma das versões sobre seu nascimento, foi um desconhecido que engravidou sua mãe, a deusa Coatlicue. Isso enraiveceu os outros 400 filhos de Coatlicue que, liderados pela irmã Coyolxauhqui, resolveram assassinar a própria mãe por considerar sua gravidez desonrosa. Com essa intenção, os irmãos se deslocaram para Coatepec, onde Coatlicue daria à luz, mas chegaram atrasados e acabaram presenciando o nascimento do meio-irmão. Para proteger sua mãe, Huitzilopochtli enfrentou seus meios-irmãos, venceu a todos e matou Coyolxauhqui, que foi desmembrada ao cair da montanha. Os demais foram transformados nas estrelas. A cabeça da irmã líder da revolta transformou-se na Lua e o próprio Huitzilopochtli se converteu no Sol. É por isso que, segundo a crença asteca, o Sol sempre vence a escuridão da Lua, diariamente. A principal festa, com cantos e danças, em honra a Huitzilopochtli era realizada uma vez ao ano e se chamava Panquetzaliztli. Durava 20 dias, nos quais eram sacrificados à divindade bélica vários prisioneiros de guerra.

Em 1978, uma equipe da companhia de Força e Luz que fazia um trabalho subterrâneo no centro da Cidade do México encontrou um monólito de 3,20 metros de altura, logo identificado como referente à Coyolxauhqui. Estava em uma das esquinas do Templo Mayor, ratificando a importância do mito associado a essa divindade e Huitzilopochtli. O corpo esquartejado da deusa lunar aparece em alto-relevo no monólito atualmente exposto no Museu Nacional de Antropologia da Cidade do México.

Os astecas também praticavam o jogo ritual de bola (*tlachtli*), com bolas feitas com borracha importada do golfo do México. O princípio do jogo era o mesmo do de outras regiões da Mesoamérica. O jogo geralmente era disputado nas entronizações dos imperadores astecas, e os perdedores eram sacrificados a Tonatiuh, deus do Sol.

Enfim, o sacrifício ritual era praticado por todos os povos mesoamericanos, e com os astecas não foi diferente. Estudos arqueológicos indicam que, durante o Império Asteca, estes sacrifícios se difundiram ainda mais. A prática dos sacrifícios chocaria os espanhóis que a viram, segundo os seus preceitos cristãos, como uma forma de idolatria e devoção demoníaca.

A principal forma de sacrifício era a cardiotecmia, com a retirada do sangue pelo abdômen. Havia também o autossacrifício praticado pelos governantes. Os astecas costumavam ensartar as cabeças dos sacrificados no Tzompnatli (Plataforma dos Crânios), uma peculiar estrutura arquitetônica mortuária para exposição pública (e que também existiu na distante cidade maia de Chichén Itzá). Essa plataforma foi encontrada em 2017 por arqueólogos em uma escavação perto da catedral metropolitana da Cidade do México.

CALENDÁRIO, ESCRITA E ASTRONOMIA

Assim como os demais povos mesoamericanos, a exemplo dos maias, os astecas tinham dois calendários, um que regia a vida religiosa e outro que regia a agricultura. O primeiro chamava-se tonalpohualli e tinha 260 dias e o segundo, com 365, era conhecido como xiuhpohualli. Assim como em outras culturas mesoamericanas, a base do cálculo matemático era o número 20. O calendário religioso era composto por um mês de 20 dias, os meses eram 13, portanto, multiplicando, chegamos a 260 dias no total. Já o ano do calendário agrícola possuía 18 meses com 20 dias cada, alcançando os 360 dias mais 5 dias "vazios", considerados "nefastos e não pertencentes a nenhum mês", assim, chegava-se aos 365 dias do ano. Cada dia e mês dos dois calendários se repetiam somente a cada 52 anos, completando uma "roda calendárica" – quando isso ocorria, zerava-se a contagem e um novo ciclo começava, o que era bastante festejado. A mais importante de tais festividades era a cerimônia do Fogo Novo (Xiuhmolpilli), cujo objetivo era impedir que o mundo fosse destruído pelas entidades estelares chamadas de Tzitzimime. Nessa ocasião, cerâmicas eram quebradas e descartadas, e as luzes da cidade eram apagadas para relembrar a "época da escuridão" anterior à Quinta Criação (ou Quinto Sol). Além disso, mulheres grávidas eram encerradas dentro de quartos para que não dessem à luz seres malignos; elas só podiam sair quando a cerimônia terminasse. Ao final, corredores com tochas iam de casa em casa trazer a luz de volta e, simbolicamente, ao Mundo.

O famoso exemplar de calendário asteca Pedra do Sol – atualmente a principal atração da Sala Mexica no Museu Nacional de Antropologia do México – mescla o calendário agrícola com o religioso, além de apresentar elementos da criação do Mundo na visão asteca e retratar as antigas eras (ou sóis) até a época do Quinto Sol. No centro está representado o deus Tonatiuh, regente do Quinto Sol, com a língua sacrificada. Na base do monumento aparece a figura de uma Xiuhcóatl (Serpente de Fogo), ser mítico encarregado de sustentar o universo.

O conhecimento astronômico asteca era usado, também, na arquitetura dos edifícios, muitos deles orientados de acordo com planetas, estrelas e fenômenos celestiais. As observações das posições de planetas e estrelas serviam, por exemplo, para construir edifícios que captavam luz, como a passagem da luz do sol por portas e janelas ou a incidência de seus raios nas esquinas dos edifícios, gerando sombras com conotações religiosas.

Já a escrita asteca não era totalmente fonética como a maia, era uma combinação de desenhos (logogramas) com sílabas fonéticas, resultando num sistema misto. Essa escrita aparece em monumentos de pedra públicos, destacando feitos considerados importantes do governante e demonstrando seu poder para a população ao vincular a escrita com o mundo sobrenatural.

Ela também pode ser vista nos códices que chegaram até nós. Assim como na área maia, a maioria dos livros astecas foi queimada durante o processo de Conquista e evangelização. No entanto, comparando com os maias, um número maior de códices astecas foi conservado. Alguns permanecem no México, outros estão espalhados por bibliotecas e museus europeus.

Os códices astecas, em geral, eram pintados sobre uma superfície feita com massa seca de cacto que, depois, era dobrada em folhas, em formato de sanfona. Chama a atenção a policromia utilizada na pintura. O pintor especialista em decorar os códices era chamado de *tlacuilo*.

O conhecimento de astronomia por parte do pintor de códices era de extrema importância: se as ações divinas estavam estritamente relacionadas com a contagem do tempo, o *tlacuilo* precisava saber dos movimentos dos astros. Assim, devia ser hábil na observação do movimento do Sol, na contagem do tempo de acordo com a rotação e a translação da Terra (já conhecidas dos povos mesoamericanos), no movimento de Vênus (que se relacionava às guerras e às estações do ano, informação necessária para se definir quando plantar e colher), nas Plêiades e na constelação da Grande Ursa (também importantes fontes de informação sobre o período de chuvas). Os astecas especialistas em calendário conheciam até mesmo Plutão, associado ao senhor da Morte, Mictlantecuhtli.

Poucos foram os códices pré-coloniais que chegaram aos nossos dias. A maioria é do período Colonial, em que é possível perceber a influência da pintura europeia. O principal códice pré-colonial é o *Codex Borbonicus* ou Códice Borbônico. Seu conteúdo é praticamente todo religioso, narrando como funciona o calendário sagrado de 260 dias e as festividades da Cerimônia do Fogo Novo relacionadas com o calendário de 52 anos. Outro importante documento pré-colonial é o Códice Borgia, com 39 páginas e 11 metros de comprimento, tem conteúdo ritual e adivinhatório, elencando vários deuses do panteão asteca, como Tonatiuh. Outros códices pré-coloniais fazem parte do que se conhece como Grupo Borgia, por se associarem ao Códice Borgia, sendo alguns deles: Códice Vaticano B, Códice Laud, Códice Fejérváry-Mayer.

Os nomes dos códices coloniais geralmente estão associados aos nomes de seus primeiros proprietários europeus, embora muitos deles tenham mudado de mãos e vindo a público tempos depois em outros lugares.

Dentre eles, destaca-se o Códice Boturini, cujo primeiro proprietário foi Lorenzo Boturini (1702-1751). Esse códice narra a saga da migração asteca desde Aztlán até o lago de Texcoco.

O Códice de Mendoza, por sua vez, informa, para a alegria dos pesquisadores, como funcionava a tributação asteca, elencando os diversos produtos tributados e suas origens. Esse documento ajudou os estudiosos a conhecer o tamanho do Império Asteca.

O Códice Florentino, um dos mais importantes, é formado por um conjunto de 12 livros escritos pelo missionário Bernardino de Sahagún, relatando o modo de vida mexica em muitos aspectos. Vejamos onde se encontram os Códices mencionados:

Nome do Códice	Lugar atual de depósito	Cidade/País
Códice Borbônico	Biblioteca da Assembleia Nacional Francesa	Paris, França
Códice Borgia	Biblioteca Apostólica Vaticana	Vaticano
Códice Laud	Biblioteca Bodleiana	Oxford, Inglaterra
Códice Vaticano B	Biblioteca Apostólica Vaticana	Vaticano
Códice Fejérváry-Mayer	World Museum	Liverpool, Inglaterra
Códice Boturini	Museu Nacional de Antropologia	Cidade do México, México
Códice Mendoza	Biblioteca Bodleiana	Oxford, Inglaterra
Códice Florentino	O original se perdeu	

CANTOS, DANÇAS E POESIA

Os principais registros da literatura asteca vêm do período Colonial, como os códices que abordamos antes. Além destes, a obra *Cantares mexicanos*, que atualmente está na Biblioteca Nacional do México, contém a letra de numerosos cantos empregados em rituais e festas astecas dedicadas aos deuses. Outras obras importantes são os *Anales de Cuauhtitlán* e os *Anales de Tlatelolco*, com os cantos de derrota dos astecas em Chapultepec.

Em geral, tinham uma estrutura dística (uso de palavras distintas para se referir ao mesmo conceito) e o paralelismo (uso de ideias repetidas expressas de forma diferente), além de reiterações de ideias em diversos lugares da composição.

Os cantos astecas foram divididos em categorias: os do tipo *teocuícatl*, destinado aos deuses; *ocelocuícatl*, dedicado à guerra; e o *xochicuícatl* consagrado à primavera e às flores (cantos floridos).

Os cantores eram conhecidos como *cuícatl* e pertenciam a uma classe chamada de *Cuicacalli*. Eles ensinavam na escola de canto que ficava no centro de Tenochtitlán. Na cidade, havia um conselho de música que organizava concursos de canto e distribuía poesias em folhetins para a nobreza letrada. No Calmécac, os jovens aprendizes recitavam poemas em prosa ritmada.

Através dos registros arqueológicos e das pinturas dos códices, sabemos que os astecas possuíam instrumentos musicais de dois tipos: percussão e sopro. Do primeiro grupo fazem parte o tambor de cerâmica, o tambor vertical, o gongo de madeira em dois tons, o tambor de fenda e o reco-reco. Já no segundo grupo havia o trombone de madeira, as flautas (das simples às quádruplas) e ocarinas, apitos, caracóis e chocalhos. Havia, portanto, instrumentos em madeira, cerâmica, cascos de tartaruga, chifres e peles de animais.

A música, além ser entoada em festividades religiosas, podia ser tocada também em funerais, nascimentos, matrimônios, eventos políticos, guerras e treinos bélicos. E ela tinha um deus que a regia, Huehuecoyotl (Velho Coiote).

A dança era compassada, ritmada por instrumentos musicais e realizada em forma de ciranda, com os dançarinos de mãos dadas. Algumas procissões, que se estendiam até o lago e ao centro da capital, eram feitas também com danças.

O principal ritual associado à dança era o realizado no mês Ochpaniztli, em que se bailava somente ao ritmo de tambores em homenagem às deusas terrestres. O ritual geralmente acontecia a partir do pôr do sol e adentrava a madrugada, com o próprio *tlatoani* dançando também.

As poesias astecas circulavam em um pequeno grupo de intelectuais, a população não as conhecia, e refletiam preocupações existenciais, como o caráter inexorável da morte, os mistérios da vida pós-morte, a importância dos deuses na vida dos seres humanos e a relação entre vida, angústia e dor.

As mais importantes poesias são atribuídas a Nezahualcoyatl, imperador de Texcoco (que não era asteca), e refletem uma filosofia serena e um mundo de desilusões, como no exemplar a seguir.

Percebo o segredo
Percebo o segredo, o oculto:
Oh, senhores!
Assim somos, somos mortais,
De quatro em quatro, nós, homens,
Todos nós teremos que ir,
Todos teremos que morrer na terra.
Ninguém em jade,
Ninguém se transformará em ouro:
Será mantido na terra.
Todos nós iremos
Para lá, de igual modo
Ninguém sobrará,
Juntos teremos que perecer,
Iremos para sua casa assim.
Como uma pintura
Iremos sumindo.
Como uma flor,
Iremos secando
Aqui na terra.
Como uma vestimenta de plumagem do pássaro zacuán,
Da preciosa ave de pescoço de borracha,
Iremos acabando
Nós vamos para a sua casa.
Ele se aproximou aqui
A tristeza dá voltas
Daqueles que vivem no seu interior.
Meditem senhores,
Águias e onças,
Mesmo sendo de jade,
Mesmo sendo de ouro,
Para lá vocês também irão,
Para o lugar dos desencarnados.
Teremos que desaparecer,
Ninguém sobrará.

(Fonte: LEÓN-PORTILLA, Miguel. *Cánticos y crónicas del México Antiguo*. México: Fondo de Cultura Económica, 1961, p. 54, tradução minha.)

ARTE ASTECA

A arte asteca era muito variada e rica. Alguns historiadores da Arte consideram que o período Pós-Clássico (1200-1521 d.C.) produziu um tipo de arte mais homogêneo e uniforme que o Clássico (300-1000 d.C.). Um exemplo são as representações de conchas que aparecem desenhadas em todos os suportes da mesma forma: paredes, códices e nas cerâmicas. Segundo eles, isso parece traduzir uma linguagem mais universal; é uma arte mais imperial, ou seja, centrada no imperador e nas façanhas das conquistas territoriais e da expansão do império.

Com relação à pintura, destaca-se a feita nos códices e nos vasos cerâmicos utilizados em rituais. As principais cores utilizadas eram o preto, o vermelho e o branco, com suas variações. Essas cores eram obtidas através de manipulações químicas de tinturas extraídas de plantas e minerais. Os vasos de cerâmica predominantes eram do tipo alaranjado fino com um forte polimento. Havia também vasos de tipo "alaranjado negro", cuja cor predominante era o laranja com desenhos pretos.

Cerâmicas policromadas especiais num estilo chamado "Mixteca-Puebla" – artigos de luxo destinados à elite – eram importadas da vizinha Cholula.

Vasos cerâmicos que formam tripés, taças bicônicas e braseiros utilizados em rituais também podiam receber pintura.

As esculturas também são um tipo de arte recorrente. Os astecas parecem ter dado preferência à confecção de uma arte móvel, em especial estatuetas que representam divindades e indivíduos da própria elite. Elas eram de madeira e de pedra, sendo que as primeiras pouco resistiram ao tempo por causa de sua natureza frágil. Entre as esculturas que representam divindades, destacam-se as estátuas de Ehécatl, deus do Vento, e Xipe Totec, deus da Fertilidade. Há também aquelas com motivos animais que faziam parte do panteão asteca, como as serpentes, as onças e os macacos.

Certas esculturas (geralmente pintadas) eram utilizadas especialmente nos sacrifícios, como os recipientes de pedra figurando águias ou jaguares chamados de *cuauhxicalli* e usados para receber o coração das vítimas.

O *temalácatl* era uma grande plataforma de pedra circular usada nos combates gladiatórios entre os prisioneiros de guerra em que os perdedores acabavam sendo sacrificados. O mais famoso deles é a Pedra de Tizoc, que está guardada no Museu Nacional de Antropologia do México.

A arte plumária era especialmente admirada pelos astecas. Em geral, as plumas eram importadas das florestas tropicais como na área maia ou tributadas. No Códice Mendoza, aparecem citadas plumas de diferentes aves, como papagaios e araras, que eram destinadas ao *tlatoani* como parte da tributação de suas conquistas militares. A pluma mais valorizada era a da ave quetzal, em tons verde-água ou azul-turquesa que cintilavam nos toucados dos imperadores astecas.

Um toucado de plumas, que ficaria muito famoso, foi oferecido como presente a Hernán Cortés quando de seu encontro com Montezuma – hoje se encontra depositado no Museu Nacional de Etnologia em Viena, na Áustria. Reclamado pelos mexicanos, que exigem sua "repatriação", o governo austríaco alega que o toucado foi um presente e, por isso, não o devolve.

Plumas também faziam parte da confecção de estandartes, de roupas da elite e dos guerreiros, e do enfeite de armas. Essa arte era tão valorizada que os artesãos que se dedicavam a ela, chamados de *amantecas*, estavam dispensados de pagar tributo para o imperador.

A DERROTA DOS ASTECAS

No vale do México, quando Montezuma II reinava no Império Asteca, chegaram ao *tlatoani* notícias de que seres de pele branca e olhos azuis com barba, vestindo roupas estranhas, montando "terríveis animais" (os cavalos, animais até então desconhecidos no continente americano) teriam aportado na costa do golfo do México em "enormes monstros" (os navios), e que estavam se dirigindo a Tenochtitlán. Essas são as primeiras informações que os astecas receberam sobre os espanhóis por meio dos espiões que haviam sido mandados especialmente para acompanhar aqueles homens brancos de longe, depois que notícias esparsas sobre sua presença chegaram à cidade.

Durante um ritual de que Montezuma participara, um cometa foi visto passando pelo céu – evento interpretado como sinal de mau agouro, um prenúncio de dias difíceis pela frente. Uma pintura que ilustra a crônica escrita pelo frei Diego Durán (1537-1588), *Historia de las Indias de Nueva España e Islas de Tierra Firme* (1570-1581), refere-se ao episódio assustador.

Anônimo

Desenho do Códice Durán (período Colonial) que retrata o momento
em que Montezuma vê um cometa no céu e interpreta como um mau presságio.

Naquele momento, a situação social no império estava instável, tornando-o um tanto frágil perante ameaças externas. Multiplicavam-se queixas e reivindicações dos povos conquistados pelos astecas. Além disso, os astecas viviam um fim de ciclo no calendário. Tal fato embasou a versão – considerada, contudo, equivocada ou ingênua por muitos historiadores – segundo a qual os astecas teriam tomado os europeus recém-chegados por deuses, confundindo, particularmente, Hernán Cortés com Quetzalcóatl. Certo é que algumas características da divindade se assemelhavam com as dos europeus: olhos e peles claras. A coincidência da chegada dos espanhóis com a mitologia do retorno anunciada no calendário pode ter levado os astecas a interpretar os grandes navios que aportaram no golfo do México como a condução de Quetzalcóatl através do firmamento. De todo modo, e se é que houve de fato alguma confusão, logo os astecas perceberam que os espanhóis não eram deuses, pois podiam ser feridos e mesmo morrer. Mesmo assim, eram uma grande ameaça.

Tratava-se das tropas de Hernán Cortés, o líder da Conquista espanhola no México, que buscavam novas terras e metais preciosos, principalmente ouro, para enriquecer a si próprios e para o rei espanhol Carlos I (coroado como Carlos V, imperador do Sacro Império Romano

Germânico). Após sua chegada à costa do golfo do México, em 1519, Cortés não demorou a constatar que as guerras eram muito comuns entre os nativos. Entre os indígenas com quem entrou em contato nesse primeiro momento, estava a prisioneira de guerra de origem maia chamada Malinche, que seria de suma importância para a futura Conquista do México. Ela falava vários idiomas, e seria usada como intérprete na comunicação entre o conquistador e os habitantes locais. Tenochtitlán passou a fazer parte das ambições de Cortés a partir do contato dos espanhóis com os povos vassalos do Império Asteca, que o levaram a crer ser uma cidade muito poderosa e rica em ouro. Vários desses povos chegaram a estabelecer alianças com os europeus em troca da promessa de ficarem livres do domínio asteca, engrossando o exército liderado por Cortés que, inicialmente, possuía somente 400 homens, algumas armas de fogo e um canhão sem muita serventia no relevo montanhoso do México.

Os conquistadores espanhóis ainda demorariam até 1521 para conquistar a capital asteca. Durante esse período, enviados de Montezuma II tentaram persuadi-los a desistir da empreitada, alegando que naquelas terras não havia ouro em quantidade e que a conquista da cidade não valia a pena.

O ouro não era visto da mesma forma por astecas e europeus. Para estes últimos, o metal tinha importância econômica, era considerado extremamente valioso na era do mercantilismo. Já para os astecas, o ouro não possuía qualquer valor monetário, tratava-se de "pedaços do Sol", tendo, portanto, um significado religioso.

A descrição de Tenochtitlán por Hernán Cortés para o rei Carlos V

Relatos da época afirmam que, quando por fim os espanhóis chegaram a Tenochtitlán, ficaram impressionados com o tamanho e a beleza da cidade sediada no lago. Em sua segunda carta a Carlos V, Cortés pretende dar conta desse impacto, mas adota uma narrativa exacerbada, típica dos relatos dos viajantes do século XVI, exagerando nos adjetivos e nas descrições para impressionar o rei europeu e tornar a sua própria conquista um ato mais heroico e valoroso.

▶

Procurarei dar, mui poderoso senhor, um pequeno relato das grande-
zas, maravilhas e estranhezas desta grande cidade de Tenochtitlán, de
sua gente, seus ritos e costumes, assim como da maneira ordeira como
a governam, o que se dá da mesma forma nas outras cidades. Mas,
certamente, tudo que direi será pouco para descrever o que aqui existe.
Mas, pode acreditar vossa majestade que, se algum erro cometer será
por exclusão e não por excesso. Esta grande cidade de Tenochtitlán
está fundeada em uma lagoa e desde a terra firme até o centro da
cidade, por qualquer parte que se entrar, há duas léguas. Esta cidade
é tão grande como Sevilha e Córdoba. As ruas principais são muito
largas e retas. A maioria delas são metade de terra e metade de água,
por onde andam com canoas. Há duas pontes, de vigas muito bem tra-
balhadas e fortes. Tem muitas praças, onde há contínuos mercados e
pontos de compra e venda. Há uma praça tão grande que corresponde
a duas vezes a cidade de Salamanca, com pórticos de entrada, onde há
cotidianamente mais de sessenta mil almas comprando e vendendo.
Há todos os gêneros de mercadorias que se conhece na terra, desde
joias de ouro, prata e cobre, até galinhas, pombas e papagaios. Há
casas como de boticários, onde vendem os medicamentos feitos por
eles, assim como unguentos e emplastros. Há casas como de barbeiros
onde lavam e raspam as cabeças. Há verduras de todos os tipos, mel de
abelha, fios de algodão para tecer, couro de veado, tintas para pintar
tecidos e couros, louças de muito boa qualidade, milho em grão ou já
transformado em pão de excelente sabor. Enfim, vendem tantas coisas
que seria prolixo relatar todas aqui.

(Fonte: CORTÉS, Hernán. *Cartas de relación*. Trad. Jurandir Soares dos Santos. São Paulo: L&PM,
1997, p. 33.)

O relato do encontro de Cortés com Montezuma em 8 de novembro
de 1519, cujo resultado seria catastrófico para os astecas, é um dos mais
interessantes da documentação colonial. Mas antes é necessário sublinhar
que, ao passar por Cholula, cidade aliada de Montezuma, Cortés e seu
exército, composto por espanhóis e indígenas inimigos dos astecas, promo-
veram um massacre, assassinando mais de 6 mil pessoas.

De acordo com o relato do padre Diego Durán em sua obra *Historia
de las Indias de Nueva España e Islas de Tierra Firme*, Montezuma pre-
senteou Cortés com um colar de ouro com pingentes de camarão e seu
belo toucado de plumas de quetzal (o mesmo que se encontra hoje em dia

no Museu de Etnologia em Viena). Cortés se aproximou e tentou abraçar Montezuma, que foi afastado por sua grande comitiva formada por guerreiros e sacerdotes (segundo o protocolo asteca, ninguém podia fitar o imperador, devido ao seu caráter divino; ao dirigir-se a ele, devia-se olhar para o chão). Cortés foi então levado à cidade de Tenochtitlán como convidado de honra e hospedado no antigo palácio de Axayácatl. Porém, essa aparente situação de paz não durou muito tempo. Os inevitáveis conflitos tiveram início.

Montezuma acabou sendo levado amarrado pelas mãos a uma prisão dentro de sua própria cidade. Tenochtitlán começou a ser saqueada. Estátuas de divindades foram derrubadas e substituídas por imagens cristãs, muitas pessoas acabaram mortas. Guerreiros astecas chegaram a reagir, alguns espanhóis foram capturados e sacrificados.

O caos e a violência tomaram conta da cidade. Cortés levou Montezuma para falar à população que se acalmasse, mas o imperador asteca foi atingido na cabeça por uma pedrada e morreu em decorrência dos ferimentos. Guerreiros atacavam os espanhóis utilizando a temida arma macuhuaitli, que, num só golpe, cortava a cabeça dos cavalos. Os astecas ainda conseguiram que outro líder, Cuitláhuac, assumisse o trono. O novo *tlatoani* reuniu forças e expulsou espanhóis e seus aliados da cidade, no episódio que ficaria conhecido como Noite Triste (*Noche Triste*, em espanhol). Nessa ocasião, 30 de junho de 1520, eles fugiram da capital asteca através das pontes, levando consigo todo o butim que conseguiram carregar. Cuitláhuac reinou somente por 80 dias, morrendo de varíola, doença trazida pelos espanhóis.

Cortés e seus homens foram para Tlaxcala, um aliado já desde quando os espanhóis chegaram ao México (os tlaxcaltecas eram inimigos ferrenhos dos astecas e nunca haviam sido conquistados). Reunindo um exército de indígenas de vários locais, que esperavam livrar-se do julgo imperial asteca e de sua pesada tributação, Cortés atacou novamente Tenochtitlán depois de romper o grande aqueduto da cidade, deixando a população sem água. A essa altura, os astecas já estavam fragilizados também devido ao número significativo de mortes provocadas pela varíola. Quando os inimigos entraram na capital asteca, esta sucumbiu. O último *tlatoani*, Cuauhtémoc, foi capturado, torturado e teve seus pés queimados. O dia em que Cuauhtémoc se rendeu, 13 de agosto de 1521 ou dia 3 Casa do calendário asteca, foi considerado pelos astecas um dia nefasto. Era o fim do poderoso Império Asteca. Refém dos espanhóis por mais 4 longos anos, Cuauhtémoc acabaria enforcado no ano de 1525.

* * *

Há décadas, pesquisadores têm levantado questões ainda sem respostas satisfatórias: por que os guerreiros astecas não mataram logo a tropa de espanhóis quando ainda era composta somente por algumas centenas de homens? Por que Montezuma recebeu Cortés em Tenochtitlán? Acredita-se que a imagem um tanto passiva, pouco bélica, de Montezuma foi mais uma construção europeia, já que os *tlatoanis* recebiam sólida educação militar e Montezuma, logo que subiu ao poder, havia liderado uma violenta campanha militar na cidade de Nopallan, em Oaxaca, e continuado a tradição de expansão territorial de seus antecessores. Assim, uma das explicações reside nas diferenças culturais relativas ao modo de se realizar a guerra. A guerra asteca era totalmente ritualizada: tinha dia e hora para acontecer, e era organizada segundo os astros e dependendo das predições dos sacerdotes. Já os espanhóis faziam guerra a qualquer hora, a todo o tempo, inclusive de madrugada, confundindo o exército asteca. Ademais, diferentemente dos guerreiros indígenas que, derrotados em batalhas, reconheciam a vitória asteca e se submetiam ao *tlatoani*, os espanhóis nunca reconheceram a vitória dos astecas e atacaram novamente assim que puderam. Outra tentativa de explicar a "falta de reação do imperador asteca" diante do inimigo esgrime com a ideia de que, imerso em uma cultura bem diferente da europeia, Montezuma teria tido muita dificuldade inicial em compreender a real dimensão do contato com aqueles desconhecidos que chegavam ao seu mundo. Porém, não podemos esquecer que o que realmente eclipsou os astecas não foram as armas europeias nem mesmo os soldados europeus, mas sim a força cooptada por eles através das alianças com os inimigos dos astecas. Nesse sentido, pode ser dito que o Império Asteca foi vítima de sua própria história.

* * *

Após a derrota dos astecas, começa o período Colonial no México. Chamado de Vice-Reinado da Nova Espanha, o domínio espanhol tinha como sede a atual Cidade do México, construída sobre a destruída

Tenochtitlán (os basamentos mais inferiores da antiga capital ainda podem ser vistos no centro da cidade moderna). As próprias pedras utilizadas na construção do Templo Mayor foram usadas para erigir a catedral da Cidade do México, evidenciando o intuito de ressignificar e mesmo apagar da memória a edificação considerada idólatra.

Foi no início do período Colonial que as principais obras das diferentes ordens cristãs foram escritas sobre os astecas. Com os devidos cuidados por parte dos historiadores, elas são uma fonte bastante rica para o estudo dos costumes, dos rituais e da vida cotidiana dos indígenas, uma vez que a maioria dos registros astecas pré-coloniais foi queimada por esses religiosos. Os mais relevantes escritos dessa época são a *Historia general de las cosas de la Nueva España*, escrita pelo franciscano Bernardino de Sahagún; a *Historia de los indios de la Nueva España*, escrita por Toribio Benavente Motolinía; a obra do dominicano frei Diego Durán, *Historia de las Indias de Nueva España e Islas de Terra Firme*.

Hernán Cortés escreveu cinco cartas para Carlos V ligadas às suas conquistas; a primeira foi extraviada, porém as outras foram, inclusive, publicadas, e são também um valioso documento para os pesquisadores, como vimos.

SOBREVIVÊNCIAS CULTURAIS E RELEITURAS

Hoje em dia, ainda encontramos muitos traços da cultura asteca na culinária e em nomes de pessoas e lugares no México. Eles também podem ser vistos nos materiais exibidos em museus, nos vestígios arquitetônicos e arqueológicos, e reconhecidos na língua que ainda é falada por mais de 1 milhão de pessoas.

A própria identidade nacional do México foi construída sobre elementos do Império Asteca, bem como referências feitas a ele como um símbolo na época da luta pela independência da Espanha alcançada em 1821. Assim, combatentes do movimento de libertação retrataram-se como os próprios astecas lutando contra Hernán Cortés. A identidade nacional mexicana também foi forjada em outros campos, como na literatura e na música, alimentada por imagens de um passado pré-colonial glorioso.

Esse orgulho nacional ligado ao passado se consolidou no início do século XX e demonstrou toda sua força na Revolução Mexicana

(1910-1920), em que a guerra asteca era um modelo idealizado pelos revolucionários. Essa exaltação do passado indígena foi vigorosa igualmente na pintura de murais, em que o artista Diego Rivera expressou toda a sua genialidade. Suas obras podem ser vistas hoje em vários edifícios públicos da Cidade do México.

A cultura asteca continua a ser lembrada, por exemplo, quando uma nova espécie de pterossauro descoberta em 1975 foi batizada com o nome do deus Quetzalcóatl, recebendo o nome científico de *Pterossauro quetzalcoatlus*. Além disso, há filmes, romances e jogos de videogame que fazem referência à história e/ou à temática asteca. Na Cidade do México, uma estação de metrô foi nomeada em homenagem a Montezuma II.

Por outro lado, a identidade nacional mexicana que remete aos indígenas é seletiva: o modelo é o asteca do passado, tido como bravo guerreiro, não os indígenas atuais que vivem em situação precária, lutando por direitos e pela demarcação de suas terras até hoje. Não é por acaso que importantes escritores, como Octavio Paz, ganhador do Prêmio Nobel de Literatura, criticaram a exaltação do passado asteca com fins políticos e descolada de uma preocupação de fato com a questão indígena hoje. E como ficam os indígenas que estão pedindo esmolas na rua e no metrô? E as crianças que engraxam sapatos em vez de estarem nas escolas? Como são tratados no país os indígenas contemporâneos?

A civilização Inca

O UMBIGO DO MUNDO

A civilização Inca exerce um grande fascínio entre nós por ter dado origem à cidade de Machu Picchu, considerada uma das Sete Maravilhas do mundo atual. Construída no topo de uma grande montanha na cordilheira dos Andes, está mais próxima ao Brasil se comparada às cidades maias ou astecas, atraindo muitos turistas brasileiros, além de inúmeros outros vindos de várias partes do mundo. Das três grandes civilizações pré-colombianas, a Inca foi a única que se desenvolveu em terras sul-americanas.

A história do Império Inca, assim como a do Asteca, foi relativamente curta. Existem várias cronologias para retratar suas fases, e neste livro optamos pela de J. Rowe (1962). Dentro da divisão proposta por esse autor, as mais importantes são:

- *Horizonte Inicial* (200 a.C. a 600 d.C.): corresponde ao período de desenvolvimento da cultura Chavín;
- *Horizonte Médio* (600 a 1000 d.C.): compreende à formação da cultura Tiwanaku;
- *Horizonte Tardio* (1476 a 1532 d.C.): com o destaque para a cultura Inca, e termina com a invasão espanhola.

O Império Inca foi o maior império pré-colonial que existiu no continente americano e estava em seu auge à época da Conquista espanhola. Abarcou uma imensa área que corresponde hoje ao Peru, ao Chile, à região fronteiriça entre o Equador e a Colômbia e ao noroeste da Argentina, abrangendo um mosaico de climas que vão desde o desértico até o montanhoso e chuvoso. Ao que sabemos até agora, não há evidências arqueológicas de ocupação inca no que é hoje o território brasileiro.

O território ocupado pelos incas correspondeu a um diversificado bioma relacionado com sua espinha dorsal, a cordilheira dos Andes. Embora escarpado e montanhoso, o que poderia tornar o local inóspito para a vida humana, foi escolhido pelos incas, que puderam se desenvolver nos Andes graças à interação que mantiveram com outros povos e áreas mais férteis, como a parte oriental que corresponde à floresta tropical amazônica, uma região importante de abastecimento de alimentos e de realização do comércio.

Conhecido também pelo nome de Tiwantinsuyo, palavra da língua quéchua que significa "Região dos quatro pontos cardeais", o Império Inca incluía quatro áreas ou territórios: Antisuyo (leste), Cuntisuyo (oeste), Chinchaysuyo (norte) e Qollasuyo (sul). Os imperadores incas governaram com uma população aproximada de 15 milhões de pessoas, ainda que esse número não seja um consenso entre os pesquisadores. Além disso, alguns historiadores preferem falar em Estado Federalista em vez de Império, uma vez que, apesar de o imperador centralizar o poder, cada *suyo* (ou área administrativa do império) era comandado por um governante diferente, que acabava deixando sua marca pessoal no território que governava.

O Tiwantinsuyo formava, também, em termos cosmológicos, o centro ou "o umbigo do mundo". Vinculava-se a crenças que davam importância aos elementos naturais, como a montanha, a terra, a água e os animais, e aos espirituais, como as divindades ancestrais de cada *suyo* inca.

Como vimos, tanto o Império Asteca quanto o Inca foram forjados em tradições culturais de muitas sociedades que os antecederam. Nesse sentido, o império não nasceu de repente, mas foi construído com base em um legado e só começou a tomar grandes proporções a partir do século XIII d.C. A História divide-se em basicamente dois momentos. O primeiro é anterior à formação do império, em que são mencionados governantes locais ou regionais. Pesquisadores acreditam que tais líderes – Manco Cápac (em torno do ano de 1200 d.C.), Sinchi Roca (1230 d.C.), Yoque Yupanqui (1260 d.C.), Mayta Cápac (1290), Cápac Yupanqui (1320 d.C.), Inca Roca (1350 d.C.), Yahuar Huaca (1380 d.C.) e Viracocha (1410) –, cuja existência ainda hoje não foi comprovada, sejam personagens míticos, evocados com a função de legitimar governos posteriores, já que teriam sido vinculados aos deuses.

O segundo momento da narrativa é iniciado pela expansão inca a partir das conquistas do governante Pachacuti (1438-1471), um *sapa* (imperador). Seus sucessores foram Tupac Yupanqui (1471-1493), Huayna Cápac (1493-1525), Huáscar (1525-1532) e Atahualpa (1532-1533). Vejamos a tabela a seguir:

Sapa inca ou imperador	Sucessão	Governo
Pachacuti (pai)	1º Sapa	1438-1471
Tupac Yupanqui (filho)	2º Sapa, filho de Pachacuti	1471-1493
Huayna Cápac (neto)	3º Sapa, filho de Tupac Yupanqui	1493-1525
Huáscar (bisneto)	4º Sapa, filho de Huayna Cápac	1525-1532
Atahualpa (bisneto)	5º Sapa, filho de Huayna Cápac	1532-1533

MITO DE ORIGEM

Assim como os astecas, os incas se vinculavam com uma origem mítica: teriam peregrinado no início do século XII desde o lago Titicaca, local considerado sagrado (*huaca*), até chegar ao lugar onde fundariam a cidade de Cusco, a 3.400 metros acima do nível do mar. Nessa cidade teriam se desenvolvido as principais linhagens que passariam a governar o Império Inca.

As narrativas míticas que envolvem as origens incas são conhecidas graças à compilação da tradição oral indígena feita por missionários espanhóis durante o processo de colonização no século XVI. Assim, há que se levar em consideração que podem ter sofrido transformações ao longo do tempo.

Para os incas, a origem do mundo é o grande Titicaca, o maior lago em volume de água da América do Sul, e o mais alto e navegável corpo d'água do mundo, estando a 3.821 metros acima do nível do mar. Seu tamanho e a vegetação do entorno provavelmente chamaram a atenção de todos os povos que o conheceram, não sendo difícil imaginar por que tenha sido considerado o centro do mundo por eles.

Segundo essas narrativas, no início, o mundo estava mergulhado na escuridão. O céu e as estrelas ainda não existiam. Desse mundo silencioso e escuro submergiu Viracocha, deus criador de todos os seres vivos, animais e humanos. Viracocha tinha pele e olhos claros, e uma grande barba. Em outras versões do mito, o nome desse criador é Pachacamac (O criador do Universo, em língua quéchua). Sendo assim, parece que Viracocha e Pachacamac são a mesma divindade. Sua esposa era Pachamama, a deusa da terra e fertilidade (adorada até hoje em comunidades peruanas de língua quéchua que lhe fazem oferendas com folhas de coca e de cevada).

De forma semelhante ao asteca, o mito de criação inca envolve uma sequência cíclica de criações e destruições do mundo, conhecida como *pachacuti* em quéchua. Conforme a crença inca, o mundo tem cinco idades, com uma duração de 5 mil anos cada, chamadas de Sol. Existem várias versões dessas eras, e escolhemos aqui a apresentada pelo cronista ameríndio de ascendência inca Guamán Poma de Ayala, que redigiu a importante e monumental obra *Nueva crónica y buen gobierno* (1615).

Segundo essa versão, a humanidade do Primeiro Sol costumava cultuar vários deuses, provocando a cólera de Viracocha, que a destruiu, transformando os seres humanos em pedras (dando origem à cadeia montanhosa dos Andes). Assim terminou o Primeiro Sol.

Em seguida, na época do Segundo Sol, o deus supremo criou propriamente o Sol e as estrelas, que saíram de dentro do lago Titicaca. Viracocha ainda criou o céu, colocou os astros em movimento e deu vida à segunda geração humana. Contudo, por alguma desobediência (não revelada pela documentação), a humanidade teria sido destruída por um dilúvio.

Na época do Terceiro Sol, a terceira geração de humanos constituiu uma sociedade mais complexa, desenvolveu a metalurgia e a confecção de joias. Não há menção na documentação escrita de como teria acabado o Terceiro Sol.

O Quarto Sol foi marcado pela criação dos povos anteriores ao Tiwantinsuyo e que futuramente seriam conquistados pelos incas. Mas também se extinguiu não se sabe como.

Por fim, na época do Quinto Sol foi criado o povo inca, que posteriormente seria destruído pela invasão espanhola. No tempo do Quinto Sol, Viracocha decidiu povoar todo o planeta, criando em cada rincão um par de humanos, macho e fêmea, para que pudessem se reproduzir. No processo de criação, deixou seus dois filhos no Titicaca encarregados de vigiar as criações que já havia feito.

Ao retornar à região do lago, decidiu aperfeiçoar sua obra e, em companhia de seus filhos, que o ajudaram na empreitada, percorreu todo o planeta, convocando os ancestrais mortos dos povos já criados que viviam em fontes, covas e montanhas. Conforme viajavam em sua rota celestial, criaram mais árvores e decidiram quando elas deveriam florir. Também produziram mais pássaros e aves, atribuindo-lhes cantos distintos. Após contemplarem sua obra e se regozijarem com a criação, os três deuses desapareceram no mar.

Em outras versões míticas mais resumidas aparece a figura de Manco Cápac, considerado filho de Inti (uma versão de Viracocha), o deus Sol, que o enviou para o lago Titicaca de onde emergiu portando um cetro de ouro, ou seja, como rei. Ordenado por Inti a construir um templo em sua honra no Titicaca, Manco Cápac achou a região inapropriada por conta da grande quantidade de água e decidiu migrar para encontrar o lugar ideal, o que teria acontecido no início do século XII, escolhendo o que hoje é Cusco.

Elementos desse mito soam familiares? É porque a história de Viracocha tal qual ficou registrada possui vários elementos que também fazem parte da Bíblia e do cristianismo, como a destruição do mundo pelo dilúvio, a hecatombe humana pela cólera divina, a equivalência fenotípica entre Viracocha e as imagens mais comuns de Cristo, e até mesmo a tríade cristã (Pai, Filho e Espírito Santo), que pode ser reconhecida em Viracocha e seus filhos.

Algumas dessas semelhanças podem ser explicadas pelo fato de o mito inca, que costumava ser transmitido oralmente, ter sido transcrito por cristãos ou indígenas recém-cristianizados, como o importante cronista de ascendência inca, Felipe Guamán Poma de Ayala, que decidiu escrever a História já na época do Vice-Reinado do Peru no século XVI, quando as referências cristãs já faziam parte da cultura da região.

Provavelmente, Guamán Poma e os demais cronistas de sua época tiveram a intenção de aproximar a narrativa da criação inca da narrativa cristã, atribuindo ao indígena pré-colonial valores como a crença em um único deus criador. A não ser que outras fontes documentais e materiais a esse respeito sejam encontradas pelos pesquisadores, nunca saberemos qual era a versão original, ou as versões, da criação segundo a cultura inca pré-colonial. Mesmo assim, é importante conhecer a versão posterior e estudá-la como um produto histórico de outros tempos.

Continuando com os feitos de Viracocha, o deus revelou uma predileção pelos incas, que se tornou um tipo de "povo eleito", guiado até Cusco pela própria divindade. Aqui é possível reconhecer elementos do Velho Testamento: a peregrinação, os momentos de dificuldade, o conflito com outros povos (no caso dos incas, com os aimarás) e a superação com a chegada à "terra prometida". Quando os incas chegaram a um vale fértil dos Andes Centrais, ali se assentaram, e seu líder Manco Cápac fundou a cidade de Cusco.

Diversas civilizações do passado utilizaram mitos de migração associados com divindades para legitimar sua História, uma vez que estes acontecimentos enaltecem um presente glorioso em detrimento de um passado de dificuldades. Esses mitos são criados pela elite e o caráter divino serve para justificar seu poder perante a sociedade. Não é à toa que o imperador inca tenha sido concebido como o próprio filho do Sol, divindade máxima inca.

A própria planta da cidade de Cusco tem conotações míticas, sendo planejada no formato de um puma, animal associado a poder na mitologia inca. Da praça principal da cidade saíam as quatro estradas mais importantes que levavam aos *suyos* do império. Em Cusco, os incas erigiram um conjunto de edifícios, o Coricancha, em que se localizava, por exemplo, o Templo do Sol, a mais importante *huaca* (local sagrado) de todo o império, considerada a morada da principal divindade inca, o Sol (Inti).

Segundo o conquistador espanhol e cronista do Peru, Cieza de León, o Coricancha estava decorado com folhas de ouro, usadas, sobretudo, no revestimento das portas. Havia um jardim artificial com plantas de milho, lhamas em tamanho natural confeccionadas em ouro e estátuas de pedra de todos os governantes incas já mortos.

EXPANSÃO INCA

Pachacuti (1438-1471) é considerado o primeiro imperador inca, também chamado de *sapa inca*, cuja existência é historicamente comprovada. Ele derrotou os chancas, considerados inimigos dos incas, iniciando a expansão territorial. Em 1471, assumiu o poder Tupac Yupanqui (1471-1493), filho de Pachacuti. Embora Pachacuti pretendesse indicar seu primogênito Amarru, foi orientado por seu conselho administrativo e sacerdotes a entronizar seu filho mais ambicioso e comandante eficiente de seu exército. Em 1483, sob a liderança de Tupac Yupanqui, o exército inca venceu os chimus, uma grande civilização que se desenvolvia no norte do Peru e, em seguida, o povo chachapoyas, que habitava a Amazônia peruana. Para conquistar Chan Chan, a capital chimu, Tupac Yupanqui utilizou a estratégia de mandar desviar as águas dos rios que abasteciam a cidade. Sem o recurso hídrico, a capital construída em meio ao deserto colapsou e rendeu-se em poucos dias.

Tupac Yupanqui consolidou o império através de uma centralização rigorosa de poder e incrementos, como a construção dos maiores edifícios da cidade, a melhoria das redes de transporte e o fortalecimento do exército. Além disso, apoderou-se do centro cerimonial de Pachacamac, localizado no vale de Lurín e já próximo ao oceano Pacífico, o mais importante oráculo que recebia visita de peregrinos de todas as regiões andinas. Fundou ainda cidades que viriam a ser importantes, como Cajamarca, Jauja e Huánaco. Em 1465, Tupac Yupanqui chegou até mesmo a empreender uma viagem expedicionária de reconhecimento de novas terras, com balsas conduzidas por 20 mil homens que alcançaram as ilhas Galápagos, e além, pois teriam atingido as ilhas Tuamotu (da atual Polinésia Francesa), no Pacífico Sul.

Tupac Yupanqui ordenou a reconstrução da cidade de Quito, abandonada pelas culturas indígenas pré-coloniais que a haviam habitado, com a ajuda dos arquitetos cusquenhos. O imperador também fez incursões pela floresta amazônica. Segundo o estudioso das culturas latino-americanas, Henri Favre, o objetivo dos incas era dominar a produção de coca, a fim de atender às necessidades da população que precisava mascar a folha para suportar a fadiga provocada pela altitude de Cusco.

O processo de expansão inca foi bem-sucedido não só em termos militares, mas também porque os imperadores e a máquina burocrática inca conseguiram cooptar elites locais em favor da divulgação e adoção dos mitos de origem e da história das linhagens dos governantes incas pelas populações conquistadas. Nesse contexto, o poder do imperador inca era como que justificado pelos deuses, e suas vontades passavam a ser tidas como incontestáveis, posto que divinas. As referências mitológicas à paisagem que todos viam, por exemplo, às montanhas (consideradas a morada das divindades), colaboraram nesse processo. A propagação da crença no poder de cura dos xamãs incas, o uso ritual de objetos associados aos "locais sagrados", isto é, as *huacas,* a exposição das múmias dos ancestrais do governante inca – tudo isso ajudava a legitimar o domínio inca.

Tupac Yupanqui morreu em 1493. Sob o reinado de Huayna Cápac (1493-1525), seu filho, inúmeros outros povos foram conquistados pelos incas.

Experiente militar, esse imperador procurou expandir ainda mais o território do Império Inca, mas encontrou algumas resistências, particularmente a dos mapuches que habitavam o centro do atual Chile. Vencidos pelos mapuches na chamada Batalha de Maule (o nome do rio), os incas tiveram sua expansão detida ao norte da América do Sul. A expansão do império também encontrou limites em sua porção oriental, na fronteira amazônica entre Peru e Equador, com a resistência do povo ashuar.

No processo de expansão, ao contrário do Império Asteca que permitia que os governantes locais conquistados continuassem no poder, os incas capturavam os líderes e os matavam, sendo que muitas vezes o próprio imperador pisoteava seus corpos. Depois, o corpo do líder morto passava por um "processo de purificação", era desmembrado e algumas partes eram incorporadas ao império como objetos utilitários, a exemplo da pele, que se transformava em tambores, do crânio, que se convertia em recipiente onde o imperador consumia a chicha, e dos dentes, que viravam colares.

A sucessão de Huayna Cápac não foi algo simples, segundo algumas narrativas registradas na época colonial. Huayna Cápac tinha três filhos: Ninan Cuyochi, Huáscar e Atahualpa. Em 1525, para tentar sufocar um levante de povos conquistados do norte, o imperador marchou com seu exército até Quito. Lá, ele e seu filho mais velho contraíram varíola (doença que chegara com a invasão espanhola, já se pronunciando por aquelas terras), para a qual os indígenas não tinham anticorpos. Ninan Cuyochi (o provável sucessor) não sobreviveu à varíola. Pouco tempo depois, morreria da doença o próprio Huayna Cápac. Diante da instabilidade política que se seguiu à sua morte, vários membros da elite inca passam a reivindicar o trono, uma vez que não havia uma lei rígida para a sucessão e teoricamente qualquer membro da elite podia aspirar-lhe.

Os aspirantes e seus apoiadores começaram a lutar violentamente entre si. Nesse ínterim, o corpo mumificado de Huayna Cápac foi levado para Cusco em segredo, a fim de se evitar eventuais rebeliões no império estimuladas pela ausência de um imperador. Ao receber o corpo do pai, Huáscar acusou os nobres encarregados da viagem fúnebre de traição, por não terem trazido com eles seu irmão Atahualpa, que permanecera em Quito, o que para ele era um sinal de conspiração. Uma vez que os principais comandantes do exército inca haviam ficado em Quito, Huáscar deduziu que havia uma trama para entronizar seu irmão e ordenou a morte de todos os participantes da caravana fúnebre de seu pai. Com isso, os nobres de Quito, especialmente os parentes dos executados em Cusco, ficaram apreensivos. Tentando acalmar a situação, Atahualpa enviou presentes a seu irmão, que os negou e ainda mandou assassinar os mensageiros. Ameaçado de morte, Atahualpa foi impedido de voltar a Cusco. Tomando o poder à força, Huáscar se declarou *sapa inca*. Essa despótica decisão causou ainda mais instabilidade política no governo, levando Atahualpa a incentivar rebeliões contra o irmão. Os comandantes militares não confiavam muito em Huáscar depois de ele ter ordenado a morte de vários nobres.

Esse momento da história inca, marcado pela disputa dos irmãos Huáscar e Atahualpa pelo poder, ficaria conhecido como a Guerra dos Dois Irmãos ou Guerra Civil Inca. O primeiro tinha mais forças na nobreza do sul do império, já o segundo era mais popular no norte, onde, aliás, havia passado a infância e parte da adolescência. O Tiwantinsuyo, portanto, estava dividido. Atahualpa passou a liderar campanhas militares no norte do império, onde seu irmão tinha menos força, e chegou a dizimar vários aliados de Huáscar. Com um exército ampliado, Atahualpa comandou uma campanha militar com o objetivo de chegar a Cusco e tomar o poder de Huáscar, consagrando-se como o novo imperador inca.

Em 1532, uma grande batalha ocorreu na região de Cochahuiala, próximo à cidade de Arequipa, no sul do Peru. As fontes documentais trazem versões distintas sobre ela, mas há fortes indícios de que o exército de Atahualpa tenha sido vitorioso. Seu domínio já alcançava o centro-sul do império. Com a derrota, o exército de Huáscar voltou a Cusco e reforçou a proteção da cidade. Em um dos combates nas cercanias de Cusco, Huáscar acabou aprisionado pelos comandantes do exército de Atahualpa.

Na prisão, Huáscar teria sido humilhado pelos soldados, insultado e alimentado com dejetos humanos e, finalmente, repreendido por sua própria mãe em razão de seu despotismo. O corpo de Huáscar nunca foi encontrado, há diferentes versões sobre sua morte: teria sido jogado em um abismo pelos próprios incas ou teria sido afogado a mando de Atahualpa quando os espanhóis já dominavam os incas.

PELOS E SALIVA

Na época do império, a sociedade inca era bastante hierarquizada, com pouca possibilidade de mobilidade social.

No topo da pirâmide social estava o Inca ou *sapa inca* (o Único), que exercia poder soberano sobre todas as regiões e povos do Império Inca. Conforme a crença, o poder do imperador tinha origem divina, e ele próprio era venerado. O imperador inca era considerado descendente direto do primeiro Inca, Manco Cápac. Somente membros da nobreza tinham acesso a ele; os nobres serviam de mediadores entre o imperador e as pessoas comuns. O imperador costumava se fazer transportar carregado em liteiras. Em termos de aparência, ele se distinguia pelo penacho que portava em público e por suas ricas vestimentas confeccionadas em peças de tapeçaria (*cumpi*), com destaque para os mantos. Os meninos que poderiam vir a ser imperadores passavam por um processo de alongamento do crânio, com o objetivo de distingui-los da população. O toucado do imperador não era ostentoso, portava apenas a insígnia real, que era uma espécie de cordão de várias cores adornado com ouro, com o qual se davam algumas voltas na cabeça, arrematando com um broche enfeitado com três plumas da ave carcará-andina (*Phalcoboenus megalopterus*). O imperador também portava um cetro. Somente ele e os homens da nobreza podiam usar cabelos curtos.

O imperador podia ter várias esposas, que costumavam guardar pelos corporais e saliva do *sapa inca*, considerados sagrados. Documentos coloniais mencionam a presença de 40 a 100 mulheres no "harém inca". No entanto, apenas uma das esposas, a *quoya* (rainha), podia gerar o filho que poderia sucedê-lo. A *quoya* geralmente era também irmã do imperador, evidenciando que a linhagem era exclusiva e baseada no incesto. O filho deveria perpetuar a memória e as tradições, além de cuidar da múmia (*mallqui*) de seu pai.

Os filhos das esposas secundárias acabavam integrados à nobreza, dedicando-se a funções como as de sacerdote, militar e tesoureiro. A *quoya* ou rainha era considerada a encarnação humana da Lua (*quilla*), esposa do deus Sol.

Embora na sucessão dos imperadores houvesse uma preferência pelos filhos mais velhos dessa linhagem real exclusiva, essa não era a regra, pois o candidato ao trono deveria provar ter méritos próprios, pelo valor da pessoa ou pela força, dentro da linhagem real. Se porventura nessa linhagem não existissem tais qualidades, irmãos do imperador e representantes de alta patente do exército podiam lutar entre si até se chegar a um vencedor, e, portanto, ao novo *sapa inca*. Comandantes do exército geralmente tinham muito interesse no cargo; ao escolhê-los, o *sapa inca* procurava garantir que fossem fiéis tentando evitar um golpe de Estado. Como disse o pesquisador Henri Favre, "nascido da violência, o poder não se mantinha senão através dela".

As múmias dos imperadores falecidos ficavam guardadas dentro de um recinto na Coricancha. Em dias de grande festividade, eram transportadas em liteiras até a praça central de Cusco, para serem vistas pela população e relembrados os feitos de cada governante em vida.

Múmias incas encontradas em favela no Peru

Moradores de uma aldeia na periferia de Lima e cientistas descobrem um cemitério com séculos de idade – e tratam de salvá-lo, antes que as múmias sejam destruídas. Na favela chamada Tupac Amaru, que se espalha por uma vasta área na periferia de Lima, as crianças brincam na poeira milenar. Debaixo de seus pés, conservado pelo solo seco, está um dos maiores cemitérios incas já encontrados no Peru. Este sítio pré-hispânico, chamado Puruchuco-Huaquerones, data de uma época marcada pela colonização espanhola e conhecida como Horizonte Tardio (1438-1532). Só no pátio da escola, uma das 15 áreas examinadas em três anos, salvamos mais de 120 fardos de múmia típicos dos enterros incaicos. Alguns moradores da favela desenterraram as múmias e as queimaram, tentando evitar uma escavação arqueológica que poderia atrasar a urbanização do novo assentamento já em curso. Em três estações de escavação conseguimos retirar, examinar e fotografar mais de 2,2 mil indivíduos de todas as idades e classes sociais, enterrados ao longo de um período de 75 anos.

Uma múmia especial, embrulhada em 135 quilos de algodão cru, ganhou o apelido de "Rei do Algodão". Em geral os incas envolviam seus nobres em tiras de tecido. No mesmo fardo havia um bebê, provavelmente um parente do adulto. Os incas acreditavam que as almas mantinham contato com os vivos e, portanto, cuidavam bem dos mortos. O "Rei do Algodão" foi enterrado junto com vários objetos cotidianos (alimentos, cerâmicas, milho para fazer chicha, uma bebida fermentada). Outros objetos demonstram sua elevada posição na sociedade: as penas de aves exóticas em seu adorno de cabeça, que também servia de estilingue, e a clava, que indica ter sido ele um guerreiro poderoso. O que mais revela sua riqueza, porém, são as oferendas de cascas de ostras do tipo *Spondylus*, importadas do Equador. A pose do homem, assim como o enchimento de algodão, nos deixa intrigados. Em vez de estar em posição fetal, típica dos adultos, ele tinha os joelhos dobrados como se estivesse ajoelhado, e seus dedos dos pés em ponta, como um dançarino. Não sabemos o que isso significa. As mãos do "Rei do Algodão" seguram um pedaço de tecido, uma concha e uma bolota feita de cal. A múmia foi limpa, retratada e separada do invólucro de algodão e da maior parte dos 170 objetos que a acompanhavam. Os tecelões peruanos eram mestres da elegância. Um elaborado adorno de cabeça tem penas de pássaros importadas e desenhos de peixes, duas abas para as orelhas e uma longa faixa que caía pelas costas, mostrando que pertencia a alguém de alta posição social.

(In: SOUSA, Rainer G. Múmias incas são encontradas em favela do Peru. *História do Mundo*, Goiânia, abr. 2002. Disponível em: <https://www.historiadomundo.com.br/curiosidades/mumias-incas.htm>. Acesso em: 15 out. 2023.)

Abaixo do *sapa inca* estava a nobreza, formada basicamente pelos parentes dos imperadores (os *panacas*), portadores, então, de laços consanguíneos.

Em seguida, vinha uma outra nobreza, secular, sem laços de sangue com o imperador, formada por pessoas importantes que exerciam funções burocráticas, religiosas e militares, por exemplo, os administradores dos *suyos* ou das regiões do império e sua família, os sacerdotes e os militares que haviam se destacado em combate. Todos os nobres estavam isentos do pagamento de impostos. Os administradores eram encarregados de vigiar e organizar as *mitas* (trabalhos forçados realizados durante algum tempo na construção civil, como pontes e estradas, além de edifícios religiosos), reunir estatísticas do governo, como o censo demográfico, distribuir produtos alimentícios para a população em épocas de escassez agrícola e reportar-se ao seu superior (o Tucuy Ricuy), considerado representante direto do imperador.

Depois, vinha um curioso grupo de pessoas que poderíamos chamar de carteiros ou mensageiros do império (*chasquis*), que levavam as mensagens imperiais de Cusco a todas as províncias. Os mensageiros eram selecionados desde a infância e precisavam ter bom condicionamento físico. Dependendo da distância a ser percorrida, havia o revezamento de *chasquis*, em um eficiente e rápido sistema de comunicação. Para conseguir mais energia e chegar mais rápido ao seu destino, os *chaquis* mascavam a coca.

Seguindo a hierarquia, logo abaixo vinham as pessoas comuns, o povo (*batunruna)*. Em sua maioria, dedicavam-se à agricultura que sustentava a população do império. Podiam ser também artesãos.

Abaixo do *baturuna*, estava uma classe de pessoas chamadas de *mitimaes*. Eram estrangeiros trazidos dos mais distantes e variados territórios conquistados pelo império para serem utilizados no trabalho das construções estatais, como a edificação de templos e pontes, e como guardas nas áreas fronteiriças do território imperial.

Na base da pirâmide social inca estavam os *yanaconas* (serventes), aqueles que, por algum motivo, como desavenças ou rebeldia, eram separados de seu grupo e submetidos a trabalhos forçados para o *sapa inca* ou em suas terras. Durante algum tempo, pesquisadores associaram essa tarefa ao trabalho escravo, mas hoje sabemos que esse tipo de trabalho não se encaixa nem no modelo da escravidão clássica nem no da moderna: os *yanaconas* não podiam ser vendidos, portanto, era como se fossem uma espécie de servos. Além disso, os *yanaconas* eram em número muito reduzido e não impactavam as relações econômicas do Império Inca.

A moda inca

O vestuário do inca era um pouco mais pesado que o do maia e asteca, por ser usado em uma região montanhosa e muito fria no inverno. Geralmente, os homens usavam um tipo de poncho (*unco*) sem mangas que chegava até o joelho e que era decorado com vários motivos geométricos coloridos. A roupa interior era um tapa-rabo (*huara*) retangular do qual saía um cordão que servia para amarrá-lo ao corpo. Os homens podiam usar igualmente uma manta amarrada sobre o peito. Calçavam sandálias (*ojotas*) e levavam uma bolsa para carregar pequenos objetos chamada de *chuspa* ou *piccha*.

Os homens da elite usavam uma narigueira, ou adorno nasal como distinção social. Já as mulheres usavam um vestido (*anaco*) retangular que cobria o corpo desde as axilas até o tornozelo que se sustentava por uma faixa vistosamente decorada (*chumpi*) amarrada na cintura. Os ombros eram cobertos por um manto (*lliclla*), que se estendia até os braços, sustentado na região do peito por um *tupu* (alfinete de metal) arrematado por um disco cujo tamanho podia variar bastante. Elas também usavam *ojotas*. Costumavam dividir o cabelo de onde se formavam longas tranças, que podiam ser múltiplas (penteado ainda hoje usado por mulheres andinas). Além de o penteado elaborado ser um modo de distinção social, as mulheres da elite passavam por uma deformação craniana que denotava sua condição de alto *status*. Além disso, sempre usavam braceletes e peitorais (adereços geralmente restritos às mulheres nobres). As nobres usavam maquiagem no rosto e faziam tatuagens no corpo – informações obtidas nas pesquisas feitas com múmias incas.

(In: McEwan, Gordon. *The Incas:* New Perspectives. Santa Barbara: ABC-Clio, 2006, tradução minha.)

O *AYLLU*

As diversas sociedades dos Andes Centrais estavam organizadas sob uma instituição político-social chamada de *ayllu* (ou clã), formada por um grupo de famílias unidas por vínculos com um antepassado reconhecido como comum a todos os membros. Essa agrupação era comunal (os membros se ajudavam mutuamente) e ocupava um determinado território (*marka*) dividido em lotes de terra, que era cultivada pelas famílias, tendo direito a uma parcela da produção fruto de seu cultivo; o restante era entregue ao governante local como imposto. Assim, os *ayllu* eram uma forma eficiente de organização social da qual se beneficiava o governante com o pagamento dos impostos arrecadados.

As sociedades dos Andes também praticavam o pastoreio de camelídeos, como lhamas e alpacas. (Aliás, o único local onde se criaram rebanhos em toda a América Pré-Colombiana foram os Andes. É curioso notar que a distribuição de lhamas pela América do Sul coincide com os limites do Império Inca, como uma evidência de que a domesticação desse animal acompanhou as terras conquistadas pelos incas.)

Em cada *ayllu*, as terras eram distribuídas de maneira rotativa, de modo a impedir que as melhores ficassem sempre sob o uso da mesma família. Cada família tinha uma casa, um pedaço de terra para cultivar e lidar com seus animais, garantindo assim sua sobrevivência. Todos da família trabalhavam; as mulheres não só labutavam na lavoura ao lado dos homens, como também cuidavam da casa, das crianças e dos animais. As crianças participavam das atividades conforme suas forças.

Era o governante de cada povo que decidia quem seria o chefe de cada *ayllu*, o *kuraka*. O *kuraka* era escolhido de acordo com a influência que tinha em seu clá ou linhagem, legitimado, conforme as crenças, pelo ancestral ou divindade protetora do grupo (*waka*). A ele cabia o controle geral da produção de alimentos. O *kuraka* também devia zelar pela segurança das pessoas e pela pacificação de eventuais conflitos no *ayllu*. Além disso, era o responsável pelo abastecimento de viúvas e órfãos de uma linhagem. Essa relação geraria uma concentração de riquezas nas mãos dos *kurakas*, destacando-os também economicamente diante dos demais membros de seu clá ou *ayllu*.

No caso de ser uma área dominada pelo Império Inca, parte da produção era entregue ao imperador como imposto, uma vez que as "terras comunitárias" eram propriedade estatal. Assim, quando um povo era conquistado pelos incas, seus *ayllu* continuavam existindo como a principal unidade político-social, pois foi visto que, com esse sistema, era fácil dominar o povo e arrecadar impostos e tributos, que agora, em última instância, iam para o imperador inca. As terras passavam a ser propriedade do Estado imperial, assim como o controle da produção e da distribuição dos bens.

Para melhor administrar toda a extensão das terras do império, os governantes incas dividiram-nas em três partes. A primeira era dedicada ao próprio Inca, com o propósito de sustentar o Estado (seu exército, suas obras, a burocracia); a segunda parte destinava-se ao culto ao Sol, ou seja, para manter o aparato ideológico-religioso do Estado; e a terceira parte era destinada à população local.

O trabalho conhecido como *mita*, feito pelas pessoas da comunidade nas terras do *kuraka* (em que uma parte da produção acabava sendo distribuída depois dentro da própria comunidade), passou a ser realizado também nas terras dedicadas ao *sapa inca* e nas destinadas ao culto ao Sol. Desse modo, o *ayllu* foi direcionado a produzir e gerar mais excedentes que acabavam controlados pelo Inca. Esse direcionamento foi uma estratégia eficiente do Império Inca, que usou o *modus operandi* tradicional das sociedades dos Andes em seu benefício.

Também o trabalho das populações dedicado às divindades locais (ou seja, para manter os sacerdotes e lugares de culto) foi cooptado pelo imperador com a justificativa do culto do Sol (divindade maior do império), eclipsando, mas não destruindo, as divindades ancestrais locais.

Além disso, a manutenção da figura do *kuraka* como líder local do *ayllu* foi uma decisão acertada do ponto de vista do império. O *kuraka* continuava a exercer suas funções e liderança no *ayllu*, ao mesmo tempo que tinha que servir ao Inca. Esse "arranjo" manteve o império Inca pujante e ajudou a evitar grandes revoltas nas áreas conquistadas.

Conforme o império crescia e o Estado inca ficava mais poderoso, mais excedentes chegavam como imposto à capital. Assim, foi possível construir grandes obras coletivas (como os terraços, cujo número aumentou de modo considerável) que fizessem crescer ainda mais a produção e, consequentemente, as riquezas do império.

Essas obras estatais que incrementavam a economia foram se tornando mais complexas, intensificando a burocracia ao exigir um maior número de especialistas que dominavam o sistema de escrita (*quipus*), o aumento de homens nos postos militares e no exército e a ampliação da classe sacerdotal.

A administração do território imperial ficou, portanto, mais complicada. Para contornar esse problema e manter a centralização do poder, surgiram os *apos*, ou seja, administradores de extrema confiança do imperador, que deviam auxiliá-lo a governar todos os cantos do império. O *apo* acabava sendo o representante do imperador em cada uma das províncias, sendo também responsável pela construção e manutenção de obras públicas, e pela arrecadação dos impostos devidos por cada *ayllu*. Foi estabelecido que um grupo de 40 mil pessoas formaria uma *província*, que seria governada por um *tukrikuk*, o qual tinha que pertencer à mesma linhagem do Inca e estava submetido ao *apo*. Logo, cada *apo* controlava as províncias de uma determinada região. Os *apos* também podiam atuar como conselheiros do imperador.

O tributo era o combustível do império. Os *kipukamayoc* eram os responsáveis por auxiliar o *tukrikuk* na coleta do imposto através do manuseio dos *quipus*, gerando uma contabilidade eficiente dos ganhos estatais. Eram os *kipukamayoc* que também comandavam a realização do censo populacional e controlavam o número de *kurakas* em atividade. O *kipukamayoc* não podia pertencer a outros povos, tinha que necessariamente ser um inca.

DO MILHO AOS PORQUINHOS-DA-ÍNDIA

A base da economia inca era a agricultura, sendo o milho o produto alimentício mais importante. Esse grão era consumido de diferentes maneiras, especialmente como pão e como chicha (uma bebida fermentada). O milho era produzido em grande quantidade e podia ser estocado em armazéns subterrâneos ou em silos apoiados nas paredes dos edifícios. A batata também ocupava espaço fundamental na dieta inca, além de plantas típicas do clima frio, como a quinoa. A mandioca, a pimenta, os feijões, a abóbora, a cabaça, o algodão, o abacate, a vagem, o amendoim e a coca também faziam parte da produção agrícola.

Na época, a coca era mascada junto a cinzas e cal para aliviar as dificuldades de respiração em altas altitudes. As pessoas mastigavam a mistura até formar uma massa (*acullico*) depositada entre os dentes e bochecha e lá deixavam até o efeito narcótico da planta fazer efeito. (Ainda hoje, a coca é utilizada com o mesmo fim pelos indígenas e até por turistas que visitam essa região que é muito alta.)

Como vimos, o plantio podia ser feito em grandes terraços de cultivo moldados nas montanhas e sustentados com muros de pedra. Essa atividade agrícola não prejudicava o solo, ajudava a preservar as nascentes dos rios e evitava a erosão do terreno. O clima também era levado em conta: plantas distintas eram cultivadas em diferentes latitudes de acordo com suas necessidades para se desenvolver, como o frio ou o calor.

Arar a terra era um trabalho árduo, em geral realizado por homens. O terreno era preparado com um instrumento chamado *chaquitactla*, que consistia em um bastão de madeira em que se ajustava uma ponta curta de metal ou madeira forte que, ao ser introduzida na terra, a removia formando uma pequena cova onde a semente da planta era colocada para germinar.

Todos os meios de produção pertenciam ao imperador. Em última instância, era ele que distribuía as terras para cada *ayllu*, e recebia os impostos e tributos pelos trabalhos realizados nelas. As comidas e as bebidas das festividades públicas eram consideradas dádivas do próprio imperador. A economia inca funcionou sem o uso de moedas, os produtos eram trocados ou compartilhados por um sistema de reciprocidade entre as diferentes comunidades.

Os incas domesticaram alguns animais, sendo a lhama e a alpaca os principais deles. A lhama lhes fornecia carne (em forma de carne seca ou charque) e lã para as roupas, além se servir como meio de transporte; já a alpaca era, sobretudo, usada no fornecimento de lã. O *cui* (porquinho-da-índia), também domesticado, fazia parte da dieta, além de ser utilizado em cerimônias de adivinhação.

Os incas igualmente praticavam a caça de animais como *guanacos* e veados. Pinturas nas cerâmicas indicam que a caça também podia ser meramente esportiva, em cenas em que aparecem armas como boleadeiras e pequenos tacapes.

A pesca era uma atividade realizada especialmente na costa e no lago Titicaca, sendo os peixes um importante recurso proteico. As famosas canoas de *tortora* têm exemplares ainda nos dias atuais.

Algas marinhas eram igualmente consumidas como alimento, só que desidratadas.

Cães eram criados como animais de estimação somente.

TODOS OS CAMINHOS LEVAM A CUSCO?

A arquitetura inca é fundamentalmente de cantaria, ou seja, confeccionada em pedras de grandes dimensões transformadas em sólidos geométricos para a construção de templos, muralhas e fortalezas. O encaixe dessas rochas, muitas vezes sem a necessidade de argamassa, impressiona até hoje os arquitetos. As pedras geralmente tinham uma forma quadrangular ou retangular, e eram cortadas com instrumentos feitos de metais com corte angular. Cada pedra era trabalhada em seu ângulo de modo a se encaixar com sua vizinha, formando assim um grande mosaico. Além disso, esse sistema construtivo monumental acaba revelando uma uniformidade de aparente suavidade, apesar das toneladas de seu peso. "Arcos falsos" eram mais utilizados, já os "verdadeiros" eram usados excepcionalmente. Outra característica notável da arquitetura inca eram as formas trapezoides dadas às aberturas, sobretudo às janelas dos edifícios, cuja parte superior era mais estreita que a base.

Os templos também eram erigidos com rochas, mas menores, quadrangulares e polidas. Nestes podia ou não ser utilizada uma argamassa feita de cal e bem distribuída entre as rochas.

A arquitetura popular era a de adobe, feita de argila seca ao sol, mas a preferida era a de taipa, técnica que utilizava a argila prensada em tábuas ou madeiras horizontais. Eram habitações pequenas e possuíam apenas uma porta de acesso. As casas na serra não tinham janelas por causa do frio, já as da área costeira sim, pois essas aberturas foram um importante recurso de ventilação nas regiões mais quentes.

Dois grandes exemplos de arquitetura inca devem ser mencionados aqui. O primeiro é a cidade de Machu Picchu (Velha Montanha, em quéchua), situada no vale de Urubamba, no atual Peru, a 2.400 metros de altitude. Foi edificada aproximadamente em 1420 sob o comando de Pachacuti, o primeiro imperador inca. Considerada, como vimos, uma das Sete Maravilhas do mundo moderno e elevada à categoria de patrimônio mundial pela Unesco, Machu Picchu foi um balneário em floresta tropical para o descanso do imperador inca, sua família real e da nobreza.

Apesar de ter sido descoberta pelas populações indígenas locais e visitada por viajantes naturalistas no século XIX, a divulgação mundial da cidade de Machu Picchu coube ao político Hiram Bingham, que ensinava História da América Latina na Universidade de Yale. Arqueólogo amador, Hiram Bingham liderou escavações arqueológicas sem controle estratigráfico, em que se perderam as informações do contexto do objeto no solo. Mais de 40 mil artefatos, incluindo múmias e joias de ouro, resultantes desse trabalho, foram levados ilegalmente para os Estados Unidos. Em 2007, foi assinado um convênio de "repatriação" das peças para o Peru, processo ainda não finalizado quando da escrita deste livro.

Machu Picchu foi construída em um istmo, entre duas falhas geológicas, sendo constantemente afetada por terremotos e chuvas torrenciais que assolam a região durante o verão. Construí-la evitando o desmoronamento, portanto, foi um grande feito para a arquitetura daquela época. Para lidar com o efeito das chuvas, arquitetos e engenheiros construíram mais de uma centena de canais de drenagem, e forraram o chão da cidade com rocha triturada e cascalho para evitar o empoçamento das águas. De fato, esse sistema de aterramento do solo evitou as inundações pluviais.

Machu Picchu está, basicamente, dividida em dois setores: um agrícola, formado pelos típicos terraços de cultivo, e outro urbano, onde se localizam os templos e principais edifícios. Um muro de aproximadamente 400 metros de comprimento e um fosso de drenagem da água das chuvas separam esses dois setores da cidade. O principal sistema para manter o encaixe das pedras dos edifícios da cidade foi a utilização de argamassa de argila. Estudos de pigmentação identificaram pelo menos duas cores em que esses edifícios foram pintados: amarela e vermelha.

O principal templo da cidade de Machu Picchu é o Templo do Sol, dedicado à divindade máxima do panteão inca. Conhecido também como Torreón, o edifício foi construído com pedras de cantaria em formato quadrangular e está situado em uma grande rocha, sob a qual foi construída uma cova. Suas janelas estão orientadas para os solstícios: os raios solares passam por elas durante os meses de julho e dezembro. O arqueólogo Luis Guillermo Lumbreras acredita que o templo também tenha sido a tumba do imperador Pachacuti, cuja múmia esteve ali até a chegada dos espanhóis em Cusco.

Imagem atual da famosa cidade inca de Machu Picchu.

O segundo complexo arquitetônico inca que se deve mencionar é a fortaleza de Sacsayhuamán. Com arquitetura militar e construída a somente dois quilômetros de Cusco, essa grande fortaleza teve como objetivo a proteção da capital inca contra os ataques de inimigos do Império Inca. Demorou cerca de 50 anos para ser concluída e foi inaugurada no governo de Huayna Cápac (1493-1525). Somente 20% da estrutura arquitetônica se mantém na atualidade, já que os espanhóis utilizaram suas pedras para a construção de igrejas na época do Vice-Reinado no Peru.

Formando a "cabeça do puma" do plano da cidade de Cuzco, suas rochas constituem um prisma retangular polido de todos os lados e foram perfeitamente encaixadas umas às outras. As pedras foram esculpidas no lugar de origem, a vários quilômetros de distância, e transportadas com o uso de cordas sobre uma superfície plana, provavelmente de madeira. Os incas não conheceram a roda. Os mais altos blocos de pedra podem chegar aos 10 metros de altura. Há entradas a túneis subterrâneos indicando seu local sagrado ou condição de *huaca*. Segundo alguns cronistas, esta fortaleza também serviu como palco para a entronização dos imperadores, uma vez que possui um grande anfiteatro que podia comportar um bom público para assistir ao evento.

A fortaleza possui muitas estruturas que serviram como armazéns de alimentos (especialmente úteis em caso de invasões duradouras), além de espaços dedicados ao armazenamento de armas. Uma grande rocha polida de todos os lados localizada no meio de Sacsayhuamán pode ter sido utilizada como trono imperial, de onde o imperador presidia os desfiles militares e os rituais levados a cabo pelos sacerdotes.

A 60 km de Cusco, outra grande fortaleza foi erigida, a de Ollantayambo, com seus grandes terraços e monólitos que serviram para construir o Templo do Sol.

Outros tipos de construção muito interessantes são os banhos de vapor para "purificar o corpo" do imperador. Geralmente construído nas encostas de um morro para aproveitar as nascentes que dali jorram, esse tipo de arquitetura era formado por aquedutos por onde passava a água para os banhos e descanso do imperador. Até hoje os turistas podem visitar alguns desses lugares e apreciar as fontes que continuam jorrando água por seus canais artificiais. É possível que esses locais contassem, também, com jardins.

Os incas criaram, igualmente, uma rede de transporte formada por estradas ao longo de todo o império. Essas estradas facilitavam o deslocamento e a circulação de pessoas, de animais, do exército e dos tributos arrecadados de cada província. Havia até mesmo uma que se estendia por 40 mil quilômetros ligando o Pacífico às cadeias montanhosas e, até mesmo, à região amazônica.

Ao longo das estradas do Império Inca havia fortes erigidos para o controle dos territórios conquistados pelos militares. Além disso, funcionavam como ponto de apoio para maiores avanços do império em direção a regiões ainda desconhecidas ou até então inacessíveis. A construção desses fortes visava, também, desestimular ataques locais e a invasão de inimigos vindos de fora do território inca. Os fortes tinham as funções, portanto, de fazer crescer ainda mais o império e de proteger os territórios já conquistados.

Ao longo das estradas havia ainda abrigos (*tambos*) para os militares pernoitarem e armazéns (*qullqas*) que estocavam alimentos, sobretudo grãos de milho. Dentre elas, destaca-se o chamado Caminho de Peabiru, que significa "grama amassada" em tupi-guarani, uma estrada de 3 mil quilômetros que ligava Cusco até a atual cidade de São Vicente, já à beira do oceano Atlântico. Esse caminho possuía algumas ramificações que chegavam até a atual cidade de Florianópolis, no estado de Santa Catarina. Provavelmente, o objetivo da construção dessa estrada inca era a obtenção de produtos trocados com os indígenas tupis-guaranis que dominavam o litoral brasileiro no século XVI, como sal, conchas marinhas atlânticas e plumas de aves, como emas e tucanos. Em troca, os incas lhes ofereciam produtos em metal, desconhecido pelos indígenas do Brasil. A descoberta de um machado de bronze na cidade de Cananeia atesta a existência do contato entre os incas e os tupis-guaranis da costa atlântica do Brasil.

Mesmo no final do século XVI, quando o Império Inca já havia sido conquistado pelos espanhóis, os guaranis utilizavam o Caminho do Peabiru para comunicar-se com outros indígenas do litoral e da Amazônia, atribuindo a sua construção a uma divindade ancestral.

DIVINDADES E CERIMÔNIAS

A religião inca desempenhou um importante papel no Tiwantinsuyo. Legitimava o poder do imperador perante os incas e os povos conquistados, colaborando para promover a paz interna no império.

Como vimos, a principal divindade era o Sol, ou Inti. Os próprios incas se consideravam descendentes do Sol (*intipchurin*); o imperador seria seu descendente em linha direta.

O imperador era tido como o mediador entre o mundo natural e o sobrenatural. No início do período do plantio, era ele que empunhava seu bastão de ouro e o mergulhava no solo, a fim de propiciar uma boa safra para o império, conforme a crença inca. Desse ponto de vista, o imperador instaurava, portanto, a ordem social do Tiwantinsuyo a partir de sua conexão com as forças cósmicas. O imperador era, também, considerado "o senhor do tempo", sendo capaz de controlar qualquer fenômeno natural. Por exemplo, por ocasião de uma erupção vulcânica na região de Arequipa, o imperador Pachacuti dirigiu-se à cratera do vulcão e nela lançou bolotas de argila mergulhadas em sangue de lhamas sacrificadas com a finalidade de interromper o cataclismo.

O culto solar, como vimos, era sustentado com os tributos dos povos conquistados. O mais importante Templo do Sol ficava na própria capital inca, Cusco, e, como já mencionamos, chamava-se Coricancha. A principal festa solar era realizada neste espaço durante o solstício de verão em dezembro. No amanhecer, o imperador oferecia ao Sol uma libação de cerveja de milho feita em um vaso de ouro. Lhamas eram sacrificadas e queimadas em uma fogueira. O fogo era ateado pelo próprio imperador e parte dele era transferido para uma lareira dentro do Templo do Sol, que ficaria acesa o ano todo sob os cuidados dos sacerdotes.

Os sacerdotes incas explicavam que todas as divindades foram criadas por um deus invisível, eterno e poderoso, chamado de Viracocha. De acordo com a cosmovisão inca, havia três mundos: a Morada Celestial (*Hanan-Pacha*), o Mundo Subterrâneo ou Inframundo (*Ocopacha*) e o Mundo Terreno (*Caypacha*). Os incas acreditavam na vida após a morte, o que os levou a preservar corpos através da mumificação. Para eles, todos os deuses viviam na Morada Celestial, para onde iam após a morte os espíritos de todas as pessoas.

Os mundos se comunicavam constantemente por meio de seres mitológicos; o principal deles era Yacumama, representado em forma de duas serpentes. Ao chegar à superfície, Yacumama se transformava no grande rio. E ao se encaminhar à Morada Celestial, tornava-se responsável pela chuva e pelo trovão. Outro daqueles seres era a serpente de duas cabeças que se movimentava lentamente chamada Sachamama, que, ao chegar ao Mundo Celestial, transformou-se no arco-íris. Sachamama era também uma deidade associada à fertilidade. O próprio planeta Terra era considerado uma divindade, Pachamama, e o mar era Cochamama, também cultuado como um deus.

Os principais suportes para a divulgação da religião eram a pintura dos vasos de cerâmica e dos tecidos de lã. Neles, uma miríade de seres sobrenaturais está representada, especialmente as aves de rapina mescladas com atributos felinos. As pinturas das cerâmicas usadas em rituais ainda mostram bailarinos vestidos de ave para evocar os deuses.

Os incas também praticavam o sacrifício de animais e de seres humanos, preferencialmente crianças (*capacochas*) e jovens originários de diferentes províncias do império trazidos a Cusco. Nos rituais religiosos, eles eram "purificados pelos sacerdotes", segundo a crença inca, e, em seguida, obrigados a caminhar em fila até seu verdugo que os abatia com golpes dados, em geral, diretamente na cabeça. Documentos escritos do período Colonial narram ainda que, em alguns festivais incas, as crianças e os jovens trazidos para o sacrifício podiam ser enterrados vivos.

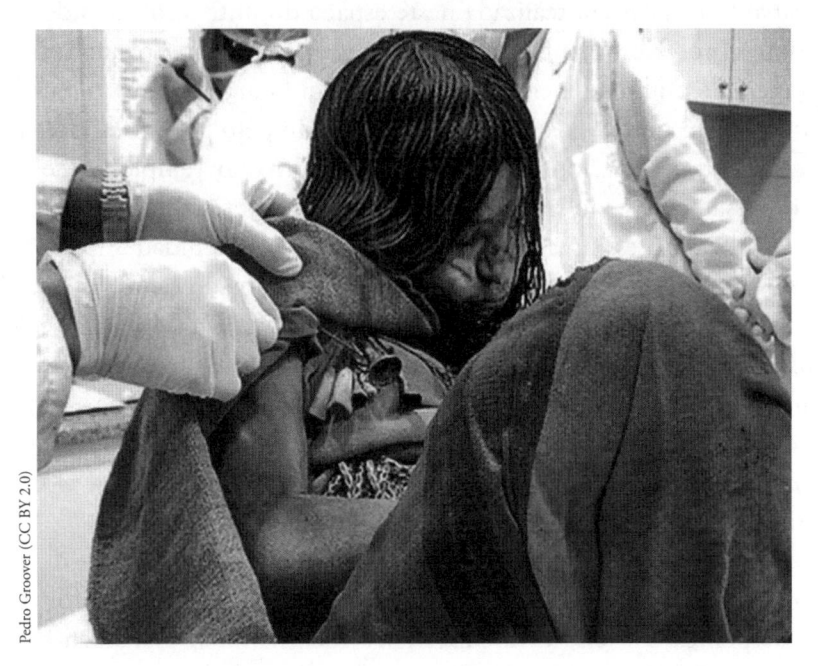

Pedro Groover (CC BY 2.0)

Múmia de criança inca (encontrada na Argentina em 1999, em ótima condição de preservação).

Dentre os animais imolados, as lhamas eram os mais comuns: centenas delas podiam ser sacrificadas durante os rituais.

As cerimônias em que ocorriam sacríficos eram realizadas em consonância com determinadas posições dos astros. As principais festividades eram realizadas em solstícios e equinócios, sendo o Sol o principal homenageado com oferendas.

CONTAGEM DO TEMPO

Os incas estudavam os corpos celestes e, a partir da astronomia, criaram um calendário. As informações que chegaram a nós sobre o calendário inca vêm de escritos espanhóis do período Colonial. Dessa forma, sabemos que os incas possuíam um calendário solar regido pelas atividades agrícolas com os dias divididos em 12 meses no ano. Por exemplo, o mês correspondente a janeiro era chamado de Uchuc Copoy, o período das chuvas em que abundavam também as doenças. Já o mês equivalente a junho, Inti Raymi, era considerado muito importante, porque nele se realizavam as cerimônias de sacrifício ao deus Sol.

Até hoje não foram encontrados em relação aos incas sistemas de contagem de tempo similares aos dos maias e astecas. Por outro lado, sabemos que eles possuíam um complexo sistema mnemônico chamado *quipu*, que usavam para registrar números e contabilizar as finanças do império. Por meio dele eram computados, por exemplo, todos os produtos tributados pelo Tiwantinsuyo em suas regiões conquistadas.

O *quipu* é um sistema de escrita formado por várias cordas horizontais e diferentes cores caracterizadas por grupos de nós situados em intervalos distintos, que correspondem a cifras que vão da ordem unitária ao milhar. Com o *quipu* era possível registrar também os dados do censo populacional, além de informações míticas e histórias ancestrais dos incas que podiam ser anotadas e interpretadas pelos *quipucamayoqs*, ou seja, os especialistas desta atividade.

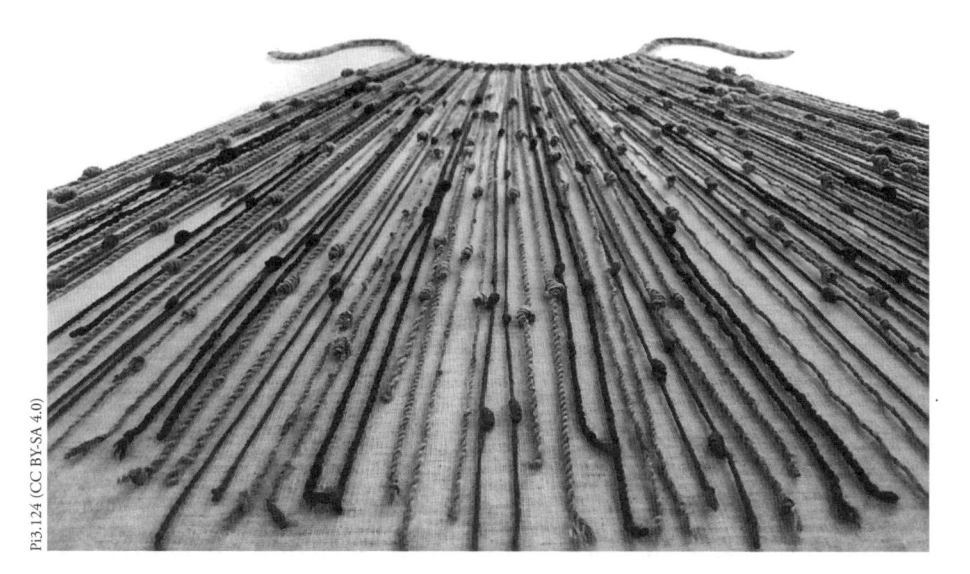

Exemplo de *quipu*, o sistema de escritura inca.

MEDICINA

As doenças eram atribuídas à ação de espíritos malignos ou augúrios de um inimigo. Por isso, precisavam da intervenção dos sacerdotes para serem curadas. Ao identificar o tipo de enfermidade, o sacerdote utilizava para combatê-la as ervas que considerava adequadas.

A trepanação era outra técnica da medicina inca para eliminar fragmentos de ossos produzidos por contusões frequentes nas guerras, fraturas, cistos ósseos e até mesmo tratar de doenças convulsivas, como a epilepsia. A cirurgia era realizada com instrumentos em forma de flecha feitos de obsidiana ensartados em cabos de madeira. É muito provável que fosse realizada sob anestesia à base de folhas de coca. O sucesso desses procedimentos causa até hoje a admiração dos médicos, uma vez que a taxa de sobrevida era grande para a época em que foram realizados.

Os incas também realizavam amputações, curavam as cáries e substituíam dentes extraídos por prótese feita de liga de cobre, igualmente, com uma admirável margem de êxito.

MÚSICA, POESIA E ARTE UTILITÁRIA

Acredita-se que os incas gostavam muito de música, que era executada por homens e mulheres até mesmo durante o trabalho nas plantações (tambores pequenos chamados *tinya* eram ouvidos durante a colheita, por exemplo) e em outros trabalhos coletivos, como na construção de grandes obras arquitetônicas.

Festas também eram animadas por música e dança, que empregava movimentos corporais profusos, como a *llamaya*, a dança dos pastores; a *harawayo*, dança dos agricultores; e a *haylli arawui*, dança da vitória dos guerreiros.

Os principais instrumentos musicais eram os de percussão, como os chocalhos (*sacchas*) feitos de metal ou de cascas de frutos, que marcavam o ritmo que embalava as danças ao serem amarrados logo abaixo do joelho e ao movimento produziam som. Os tambores eram feitos de cerâmica, de pele de lhama ou até mesmo de pele humana extraída de inimigos de guerra. Contudo, também havia instrumentos de sopro ou aerófanos, como as flautas feitas geralmente de osso ou cerâmica ou ainda o *pututo* (flauta de pã ou antara), instrumento feito com caracóis marinhos, e a ocarina.

Os textos poéticos incas referiam-se principalmente à mitologia. Os poetas (*aynis*) eram os responsáveis pela perpetuação das tradições literárias. Compiladas durante o período colonial, as poesias exaltavam as atividades guerreiras e a expansão do Império Inca. Além disso, havia poemas curtos que espelhavam a nostalgia da nobreza e a inclemência do destino do ser humano.

De acordo com o cronista Pedro Cieza de León, na obra *Crónica del Perú* (1554), em seu leito de morte, Pachacuti teria escrito o seguinte poema:

> Eu nasci tal qual a flor em um jardim,
> Foi assim que cresci.
> Depois veio a idade e envelheci,
> E, quando tive que morrer, feneci
> E morri.

(Fonte: FAVRE, Henri. *A civilização inca*. Rio de Janeiro: Zahar, 2004, p. 71.)

Poesias eram recitadas entonadas por cantos sentimentais (*harahuis*) quando pessoas morriam para destacar as qualidades do falecido.

Com relação à arte propriamente utilitária, foram encontrados objetos incas de cerâmica policrômicos, pintados de vermelho, branco, amarelo, laranja e preto, sendo mais comuns os tons escuros, dando um aspecto solene ou severo à decoração. A pintura em geral é feita com traços finos e compõem figuras geométricas que valorizam a simetria e o equilíbrio, como cruzes, círculos, triângulos, que se repetem também na decoração têxtil. Às vezes podem apresentar figuras de animais estilizados, sobretudo aves, e flores, mas não são tão comuns.

A expressão clássica da cerâmica inca é o *aríbalo*, uma espécie de cântaro, que pode ter grandes dimensões, chegando até 1,5 metro de altura, feito para ser transportado nas costas. Sua base é cônica, à moda dos vasos gregos, seu bojo é alongado. Geralmente, o *aríbalo* possui duas asas, uma de cada lado do artefato.

O característico *aríbalo*, vaso de cerâmica inca
utilizado para consumo de bebidas em rituais.

Outro tipo recorrente de vasilha são os pratos *explayados*, com uma asa e arrematados por uma cabeça de animal, decorados com a típica iconografia geométrica ressaltando elementos naturalistas.

Os vasos do tipo *quero* fazem parte da refinada arte nobiliária. Eram utilizados em cerimônias importantes, inclusive aquelas com participação do próprio imperador inca. A decoração típica e exclusiva desses vasos retrata cenas mitológicas e do universo divino.

O tecido inca utilizado, sobretudo, nas túnicas das pessoas de elite, revela um grande cuidado técnico e uma rara beleza graças à típica iconografia simétrica inca. Alguns tecidos podiam conter mais de 150 motivos de formas e tamanhos variados. A matéria-prima era obtida do algodão, cultivado na área litorânea, e dos camelídeos criados nas regiões montanhosas. Os fios que o compunham eram bastante finos. Realizado exclusivamente por mulheres, o filar era à base do fuso (*pushca*) e um telar.

A tapeçaria utilizando as lãs de lhama é outro destaque da arte têxtil inca.

A metalurgia parece ter sido uma herança dos chimus. Especialistas na arte do metal, foram trazidos do norte do Peru para a capital inca,

Cusco. Machados semicirculares (*tumi*), utilizados com frequência pelos chimus e pelos mochicas, passaram a ser fabricados em larga escala pelos incas, que inovaram ao dar aos cabos a forma de animais.

As ligas metálicas podiam ser feitas de ouro, prata, cobre e bronze e, na arte, eram utilizadas na confecção de estatuetas representando ambos os sexos, geralmente em posições estáticas, ora com as mãos sobre o peito, ora ao lado do corpo, e também em estatuetas de animais, principalmente a lhama. Os incas utilizavam, também, a platina, que viria a ser conhecida na Europa somente no século XVIII. Os metais eram usados também na fabricação de pinças (usadas para depilação), alfinetes (que prendiam as mantas ao corpo), facas, bastões ou cetros de mando decorados, agulhas e até pequenos limpadores de ouvido.

A metalurgia inca empregava diferentes técnicas, como a laminada a martelo, a fundição, a soldadura, a douração e a fundição em cera perdida. Os metais, obtidos na exploração de minas ou na forma de aluvião dos rios, eram propriedade estatal.

FIM DO IMPÉRIO

Em 1530, o conquistador espanhol Pizarro já estava no sul do Panamá e não demorou a chegar a regiões que eram parte do Império Inca. Antevendo a possibilidade de obter metais preciosos, sobretudo a prata e o ouro, Pizarro recebeu a permissão dos reis católicos para combater e conquistar os incas. Para essa empreitada, o número de homens que aportou no Peru foi muito menor que o usado por Cortés para submeter os astecas.

Apesar de não possuírem armas de fogo, os incas tinham um exército eficiente e armas poderosas feitas de bronze e cobre, como a maça, um tipo de porrete com o qual feriam os inimigos até a morte.

No entanto, a fragilidade inca advinda das disputas políticas pela sucessão do trono e das baixas provocadas por doenças trazidas da Europa, sobretudo o sarampo, a varíola e a gripe, facilitou a conquista dos incas pelos espanhóis.

Em 1532, Pizarro chegou à cidade de Cajamarca, onde Atahualpa descansava após vencer seu irmão. Depois de uma violenta batalha em que o exército de Atahualpa, de cerca de 80 mil homens, foi derrotado, Pizarro ordenou que o imperador se rendesse e se convertesse ao cristianismo. Atahualpa se negou e acabou sendo preso pelos espanhóis. Atahualpa cumpriu o compromisso de entregar a Pizarro grandes quantidades de objetos em ouro e prata em troca de sua liberdade, mas foi morto por Pizarro em 29 de agosto de 1533. Era o fim do Tiwantinsuyo.

Para controlar a sociedade inca e evitar novos conflitos após o assassinato de Atahualpa, os espanhóis decidiram colocar no poder o seu irmão, Manco Cápac II, a quem pensavam dominar. Contudo, aproveitando-se de conflitos entre os espanhóis, Manco Cápac II retomou o governo de fato da cidade de Cusco. Porém, logo foi derrotado, refugiando-se, então, na região montanhosa de Vilcabamba e ali governando por 36 anos, o que ficaria conhecido como "Estado Neoinca".

Em 1572, os espanhóis também chegaram até lá e conquistaram a última fortaleza inca, Huayna Pucara, capturando Tupac Amaru, filho de Manco Cápac II. Em setembro de 1572, Manco Cápac II foi decapitado a golpes de machado na praça principal de Cusco. Sua cabeça foi suspensa e exibida em público ao som dos sinos das igrejas católicas que haviam sido introduzidas na cidade. A resistência em Huayna Pucara seria considerada a última grande resistência inca.

Sugestões de leitura

No Brasil, ainda são poucas as obras escritas por brasileiros sobre as civilizações pré-colombianas. Também não há muitas traduções em português de obras mais recentes. Sugerimos aqui algumas obras de mais fácil acesso:

BERTAZONI, Cristiana et al. *História e arqueologia da América indígena*: tempos pré-colombianos e coloniais. Florianópolis: Ed. UFSC, 2017.

FAVRE, Henri. *A civilização inca*. Rio de Janeiro: Zahar, 2004.

LEÓN-PORTILLA, Miguel. *A conquista da América vista pelos povos indígenas*: relatos astecas, maias e incas. Petrópolis: Vozes, 2023.

NAVARRO, Alexandre G. *A civilização maia*: reis e cidades na floresta tropical. Curitiba: Appris, 2021.

_____; GOMES, Denise (orgs.). *Arte e arqueologia da América indígena*: a coleção pré-colombiana. Cerqueira Leite. Campinas: Ed. Unicamp, 2022.

SOUSTELLE, Jacques. *Os astecas na véspera da Conquista espanhola*. São Paulo: Companhia das Letras, 1995.

TODOROV, Tzvetán. *A conquista da América*: a questão do outro. São Paulo: Martins Fontes, 2019.

Catálogos com imagens de artefatos pré-colombianos podem ser visitados nas páginas de internet de dois grandes museus: o Museu de Antropologia da Cidade do México (Cidade do México, México) e o Metropolitan Museum (Nova York, Estados Unidos).